DISCURSO SOBRE AS CIÊNCIAS E AS ARTES

DISCURSO SOBRE A ORIGEM E OS FUNDAMENTOS DA DESIGUALDADE ENTRE OS HOMENS

Jean-Jacques Rousseau

TEXTO INTEGRAL

Tradução
ROBERTO LEAL FERREIRA

A ORTOGRAFIA DESTE LIVRO FOI ATUALIZADA SEGUNDO O ACORDO ORTOGRÁFICO DA LÍNGUA PORTUGUESA (1990), QUE PASSOU A VIGORAR EM 2009.

Dados Internacionais de Catalogação na Publicação (CIP)
(Câmara Brasileira do Livro, SP, Brasil)

Rousseau, Jean-Jacques, 1712-1778.
  Discurso sobre as ciências e as artes : discurso sobre a origem e os fundamentos da desigualdade entre os homens / Jean-Jacques Rousseau ; tradução Roberto Leal Ferreira. -- São Paulo : Martin Claret, 2010. -- (Coleção a obra-prima de cada autor ; 199)

  Título original : Discours sur les sciences et les arts...
  "Texto integral"
  ISBN 978-85-7232-798-5

  1. Filosofia francesa 2. Rousseau, Jean-Jacques, 1712-1778 I. Título. II. Série.

10-11046 CDD-194

Índices para catálogo sistemático:

1. Filosofia francesa   194
2. Filósofos franceses   194
3. França : Filosofia   194

COLEÇÃO A OBRA-PRIMA DE CADA AUTOR

Discurso sobre as Ciências e as Artes

Discurso sobre a Origem e os Fundamentos da Desigualdade entre os Homens

Jean-Jacques Rousseau

TEXTO INTEGRAL

Tradução: Roberto Leal Ferreira

MARTIN CLARET

CRÉDITOS

© *Copyright* desta tradução: Editora Martin Claret Ltda., 2010

Títulos originais: *Discours sur l'origine et les fondements de l'inégalité parmi les hommes* (1755)

IDEALIZAÇÃO E COORDENAÇÃO
Martin Claret

ASSISTENTE EDITORIAL
Rosana Gilioli Citino

CAPA
Ilustração
Retrato de Rousseau *(1766)*,
Allan Ramsey

MIOLO
Tradução
Roberto Leal Ferreira

Revisão
Rosana Gilioli Citino

Projeto Gráfico
José Duarte T. de Castro

Direção de Arte
José Duarte T. de Castro

Editoração Eletrônica
Editora Martin Claret

Papel
Off-Set, 70g/m²

Impressão e Acabamento
Paulus Gráfica

Editora Martin Claret Ltda. – Rua Alegrete, 62 – Bairro Sumaré
CEP: 01254-010 – São Paulo – SP
Tel.: (0xx11) 3672-8144 – Fax: (0xx11) 3673-7146

www.martinclaret.com.br / editorial@martinclaret.com.br

Agradecemos a todos os nossos amigos e colaboradores — pessoas físicas e jurídicas — que deram as condições para que fosse possível a publicação deste livro.

3ª REIMPRESSÃO - 2015

PALAVRAS DO EDITOR

A história do livro e a coleção "A Obra-Prima de Cada Autor"

MARTIN CLARET

Que é o livro? Para fins estatísticos, na década de 1960, a UNESCO considerou o livro "uma publicação impressa, não periódica, que consta de no mínimo 56 páginas, sem contar as capas".

O livro é um produto industrial.

Mas também é mais do que um simples produto. O primeiro conceito que deveríamos reter é o de que o livro como objeto é o veículo, o suporte de uma informação. O livro é uma das mais revolucionárias invenções do homem.

A *Enciclopédia Abril* (1972), publicada pelo editor e empresário Victor Civita, no verbete "livro" traz concisas e importantes informações sobre a história do livro. A seguir, transcrevemos alguns tópicos desse estudo didático.

O livro na Antiguidade

Antes mesmo que o homem pensasse em utilizar determinados materiais para escrever (como, por exemplo, fibras vegetais e tecidos), as bibliotecas da Antiguidade estavam repletas de textos gravados em tabuinhas de barro cozido. Eram os primeiros "livros", depois progressivamente modificados até chegarem a ser feitos — em grandes tiragens — em papel impresso mecanicamente, proporcionando facilidade de leitura e transporte. Com eles, tornou-se possível, em todas as épocas, transmitir fatos, acontecimentos históricos, descobertas, tratados, códigos ou apenas entretenimento.

Como sua fabricação, a função do livro sofreu enormes modificações dentro das mais diversas sociedades, a ponto de constituir uma mercadoria especial, com técnica, intenção e utilização determinadas. No moderno movimento editorial das chamadas sociedades de consumo, o livro pode ser considerado uma mercadoria cultural, com maior ou menor significado no contexto socioeconômico em que é publicado. Enquanto mercadoria, pode ser comprado, vendido ou trocado. Isso não ocorre, porém, com sua função intrínseca, insubstituível: pode-se dizer que o livro é essencialmente um instrumento cultural de difusão de ideias, transmissão de conceitos, documentação (inclusive fotográfica e iconográfica), entretenimento ou ainda de condensação e acumulação do conhecimento. A palavra escrita venceu o tempo, e o livro conquistou o espaço. Teoricamente, toda a humanidade pode ser atingida por textos que difundem ideias que vão de Sócrates e Horácio a Sartre e McLuhan, de Adolf Hitler a Karl Marx.

Espelho da sociedade

A história do livro confunde-se, em muitos aspectos, com a história da humanidade. Sempre que escolhem frases e temas, e transmitem ideias e conceitos, os escritores estão elegendo o que consideram significativo no momento histórico e cultural que vivem. E, assim, fornecem dados para a análise de sua sociedade. O conteúdo de um livro — aceito, discutido ou refutado socialmente — integra a estrutura intelectual dos grupos sociais.

Nos primeiros tempos, o escritor geralmente vivia em contato direto com seu público, que era formado por uns poucos letrados, já cientes das opiniões, ideias, imaginação e teses do autor, pela própria convivência que tinham com ele. Muitas vezes, mesmo antes de ser redigido o texto, as ideias nele contidas já haviam sido intensamente discutidas pelo escritor e parte de seus leitores. Nessa época, como em várias outras, não se pensava na enorme porcentagem de analfabetos. Até o século XV, o livro servia exclusivamente a uma pequena minoria de sábios e estudiosos que constituíam os círculos intelectuais (confinados aos mosteiros durante o começo da Idade Média) e que tinham acesso às bibliotecas, cheias de manuscritos ricamente ilustrados.

Com o reflorescimento comercial europeu, nos fins do século XIV, burgueses e comerciantes passaram a integrar o mercado livreiro da época. A erudição laicizou-se e o número de escritores aumentou, surgindo também as primeiras obras escritas em línguas que não o latim e o grego (reservadas aos textos clássicos e aos assuntos considerados dignos de atenção). Nos séculos XVI e XVII, surgiram diversas literaturas nacionais, demonstrando, além do florescimento intelectual da época, que a população letrada dos países europeus estava mais capacitada a adquirir obras escritas.

Cultura e comércio

Com o desenvolvimento do sistema de impressão de Gutenberg, a Europa conseguiu dinamizar a fabricação de livros, imprimindo, em cinquenta anos, cerca de 20 milhões de exemplares para uma população de quase 10 milhões de habitantes, cuja maioria era analfabeta. Para a época, isso significou enorme revolução, demonstrando que a imprensa só se tornou uma realidade diante da necessidade social de ler mais.

Impressos em papel, feitos em cadernos costurados e posteriormente encapados, os livros tornaram-se empreendimento cultural e comercial: os editores passaram logo a se preocupar com melhor apresentação e redução de preços. Tudo isso levou à comercialização do livro. E os livreiros baseavam-se no gosto do público para imprimir, principalmente obras religiosas, novelas, coleções de anedotas, manuais técnicos e receitas.

Mas a porcentagem de leitores não cresceu na mesma proporção que a expansão demográfica mundial. Somente com as modificações socioculturais e econômicas do século XIX — quando o livro começou a ser utilizado também como meio de divulgação dessas modificações e o conhecimento passou a significar uma conquista para o homem, que, segundo se acreditava, poderia ascender socialmente se lesse — houve um relativo aumento no número de leitores, sobretudo na França e na Inglaterra, onde alguns editores passaram a produzir obras completas de autores famosos, a preços baixos. O livro era então interpretado como símbolo de liberdade, conseguida por conquistas culturais. Entretanto, na maioria dos países, não houve nenhuma grande modificação nos índices porcentuais até o fim da Primeira Guerra Mundial (1914/18), quando surgiram as primeiras grandes tiragens de um só livro, principalmente romances, novelas e textos didáticos. O número elevado de cópias, além de baratear o preço da unidade, difundiu ainda mais a literatura. Mesmo assim, a maior parte da população de muitos países continuou distanciada, em parte porque o livro, em si, tinha sido durante muitos séculos considerado objeto raro, atingível somente por um pequeno número de eruditos. A grande massa da população mostrou maior receptividade aos jornais, periódicos e folhetins, mais dinâmicos e atualizados, e acessíveis ao poder aquisitivo da grande maioria. Mas isso não chegou a ameaçar o livro como símbolo cultural de difusão de ideias, como fariam, mais tarde, o rádio, o cinema e a televisão.

O advento das técnicas eletrônicas, o aperfeiçoamento dos métodos fotográficos e a pesquisa de materiais praticamente imperecíveis fazem alguns teóricos da comunicação de massa pensarem em um futuro sem os livros tradicionais (com seu formato quadrado ou retangular, composto de folhas de papel, unidas umas às outras por um dos lados). Seu conteúdo e suas mensagens (racionais ou emocionais) seriam transmitidos por outros meios, como por exemplo microfilmes e fitas gravadas.

A televisão transformaria o mundo todo em uma grande "aldeia" (como afirmou Marshall McLuhan), no momento em que todas as sociedades decretassem sua prioridade em relação aos textos escritos. Mas a palavra escrita dificilmente deixaria de ser considerada uma das mais importantes heranças culturais, entre todos os povos.

Através de toda a sua evolução, o livro sempre pôde ser visto como objeto cultural (manuseável, com forma entendida e interpretada em função de valores plásticos) e símbolo cultural (dotado de conteúdo, entendido e interpretado em função de valores semânticos). As duas maneiras podem fundir-se no pensamento coletivo, como um conjunto orgânico (onde texto e arte se completam, por exemplo, em um livro de arte) ou apenas como um conjunto textual (onde a mensagem escrita vem em primeiro lugar — em um livro de matemática, por exemplo).

A mensagem (racional, prática ou emocional) de um livro é sempre intelectual e pode ser revivida a cada momento. O conteúdo, estático em si, dinamiza-se em função da assimilação das palavras pelo leitor, que pode discuti-las, reafirmá-las, negá-las ou transformá-las. Por isso, o livro pode ser considerado instrumento cultural capaz de liberar informação, sons, imagens, sentimentos e ideias através do tempo e do espaço. A quantidade e a qualidade de ideias colocadas em um texto podem ser aceitas por uma sociedade, ou por ela negadas, quando entram em choque com conceitos ou normas culturalmente admitidos.

Nas sociedades modernas, em que a classe média tende a considerar o livro como sinal de *status* e cultura (erudição), os compradores utilizam-no como símbolo mesmo, desvirtuando suas funções ao transformá-lo em livro-objeto. Mas o livro é, antes de tudo, funcional — seu conteúdo é que lhe dá valor (os livros de ciências, filosofia, religião, artes, história e geografia, que representam cerca de 75% dos títulos publicados anualmente em todo o mundo).

O mundo lê mais

No século XX, o consumo e a produção de livros aumentaram progressivamente. Lançado logo após a Segunda Guerra Mundial (1939/45), quando uma das características principais da edição de um livro eram as capas entreteladas ou cartonadas, o livro de bolso constituiu um grande êxito comercial. As obras — sobretudo *best sellers* publicados algum tempo antes em edições de luxo — passaram a ser impressas em rotativas, como as revistas, e distribuídas nas bancas de jornal. Como as tiragens elevadas permitiam preços muito baixos, essas edições de bolso popularizaram-se e ganharam importância em todo o mundo.

Até 1950, existiam somente livros de bolso destinados a pessoas de baixo poder aquisitivo; a partir de 1955, desenvolveu-se a categoria do livro de bolso "de luxo". As características principais destes últimos eram a abundância de coleções — em 1964 havia mais de duzentas, nos Estados Unidos — e a variedade de títulos, endereçados a um público intelectualmente mais refinado. A essa diversificação das categorias adiciona-se a dos pontos de venda, que passaram a abranger, além das bancas de jornal, farmácias, lojas, livrarias, etc. Assim, nos Estados Unidos, o número de títulos publicados em edições de bolso chegou a 35 mil em 1969, representando quase 35% do total dos títulos editados.

Proposta da coleção
"A Obra-Prima de Cada Autor"

"Coleção" é uma palavra há muito tempo dicionarizada e define o conjunto ou reunião de objetos da mesma natureza ou que têm alguma relação entre si. Em um sentido editorial, significa o conjunto não limitado de obras de autores diversos, publicado por uma mesma editora, sob um título geral indicativo de assunto ou área, para atendimento de segmentos definidos do mercado.

A coleção "A Obra-Prima de Cada Autor" corresponde plenamente à definição acima mencionada. Nosso principal objetivo é oferecer, em formato de bolso, a obra mais importante de cada autor, satisfazendo o leitor que procura qualidade.*

Desde os tempos mais remotos existiram coleções de livros. Em Nínive, em Pérgamo e na Anatólia existiam coleções de obras literárias de grande importância cultural. Mas nenhuma delas superou a célebre biblioteca de Alexandria, incendiada em 48 a.C. pelas legiões de Júlio César, quando estas arrasaram a cidade.

A coleção "A Obra-Prima de Cada Autor" é uma série de livros a ser composta por mais de 400 volumes, em formato de bolso, com preço altamente competitivo, e pode ser encontrada em centenas de pontos de venda. O critério de seleção dos títulos foi o já estabelecido pela tradição e pela crítica especializada. Em sua maioria, são obras de ficção e filosofia, embora possa haver textos sobre religião, poesia, política, psicologia e obras de autoajuda. Inauguram a coleção quatro textos clássicos: *Dom Casmurro*, de Machado de Assis; *O Príncipe*, de Maquiavel; *Mensagem*, de Fernando Pessoa; e *O lobo do mar*, de Jack London.

Nossa proposta é fazer uma coleção quantitativamente aberta. A periodicidade é mensal. Editorialmente, sentimo-nos orgulhosos de poder oferecer a coleção "A Obra-Prima de Cada Autor" aos leitores brasileiros. Nós acreditamos na função do livro.

---

* Atendendo a sugestões de leitores, livreiros e professores, a partir de certo número da coleção começamos a publicar, de alguns autores, outras obras além da sua obra-prima.

Discurso sobre as ciências e as artes

DISCURSO
que conquistou o prêmio
na Academia de Dijon..
No ano de 1750.
Sobre esta questão proposta pela mesma Academia:
Se o restabelecimento das Ciências e das Artes
contribuiu para depurar os costumes.
Por um cidadão de Genebra.

Barbarus hic ego sum quia non intelligor illis.[1]
OVÍDIO

---

[1] "Consideram-me bárbaro porque não me compreendem" (NT).

Advertência

Que é a celebridade? Eis aqui a infeliz obra a que devo a minha. É certo que esta peça que me valeu um prêmio e me deu renome é, no máximo, medíocre, e ouso acrescentar que é uma das menores de toda esta coletânea. Que abismo de misérias não teria o autor evitado, se este primeiro livro não houvesse sido recebido senão como merecia sê-lo? Mas um primeiro favor injusto tinha de me atrair, aos poucos, um rigor que o é ainda mais.

Prefácio

Eis aqui uma das grandes e mais belas questões que jamais se levantaram. Não se trata, neste discurso, destas sutilezas metafísicas que conquistaram todas as partes da literatura e de que os programas de academias nem sempre estão livres; mas se trata de uma destas verdades que estão ligadas à felicidade do gênero humano.

Prevejo que dificilmente me perdoarão o partido que ousei tomar. Chocando de frente com tudo o que hoje constitui a admiração dos homens, só posso esperar a condenação universal; e não é por ter sido honrado com a aprovação de alguns sábios que devo contar com a do público: assim, já tomei o meu partido; não me preocupo em agradar nem aos belos espíritos, nem às pessoas na moda. Sempre haverá homens feitos para serem subjugados pelas opiniões de seu século, de seu país, de sua sociedade: uns se mostram hoje como espírito fortes e filósofos que, pela mesma razão, não teriam sido senão fanáticos no tempo da Liga. Não devemos escrever para tais leitores, quando queremos viver para além do nosso século.

Mais uma palavra e encerro. Não confiando muito na honra que recebi, eu havia, depois do envio, remodelado e aumentado este Discurso, a ponto de transformá-lo, de certa forma, em outra obra; hoje, sinto-me obrigado a trazê-lo de volta ao estado em que foi coroado. Acrescentei só algumas notas e deixei duas adições fáceis de se reconhecer e que a Academia talvez não teria aprovado. Julguei que a equidade, o respeito e o reconhecimento exigiam de mim esta advertência.

Discurso

Contribuiu o restabelecimento das ciências e das artes para depurar ou corromper os costumes? Eis o que cumpre examinar. Que partido devo tomar nesta questão? Aquele, Senhores, que convém a um homem de bem que nada sabe e nem por isso se sente diminuído.

Sinto que será difícil apropriar o que tenho a dizer ao tribunal a que compareço. Como ousar acusar as ciências diante de uma das mais eruditas sociedades da Europa, louvar a ignorância numa célebre Academia e conciliar o desprezo pelo estudo com o respeito pelos verdadeiros doutos? Percebi estas contradições; e elas não me desanimaram. Não maltrato a ciência, disse com meus botões; defendo a virtude ante homens virtuosos. A probidade é ainda mais cara às pessoas de bem do que a erudição aos doutos. Que tenho, pois, que temer? As luzes da Assembleia que me escuta? Admito-o; mas quanto à constituição do discurso, não quanto ao sentimento do orador. Os soberanos justos jamais hesitaram em condenar-se a si mesmos em discussões duvidosas; e a posição mais vantajosa ante o bom direito é ter de se defender contra uma parte íntegra e esclarecida, juiz em sua própria causa.

A este motivo de encorajamento soma-se outro que me determina: depois de ter defendido, de acordo com as minha luz natural, o partido da verdade, seja qual for o resultado, há um prêmio que não se me pode negar: eu o encontrarei no fundo do coração.

Primeira parte

G rande e belo espetáculo é ver o homem sair, por assim dizer, do nada por seus próprios esforços; dissipar, com as luzes da razão, as trevas em que a natureza o envolvera; elevar-se acima de si mesmo; lançar-se pelo espírito até as regiões celestiais; percorrer a passo de gigante, assim como o sol, a vasta extensão do universo; e, o que é ainda maior e mais difícil, voltar-se para dentro de si mesmo, a fim de ali estudar o homem e conhecer a sua natureza, seus deveres e seu fim. Todas estas maravilhas se renovaram há poucas gerações.

A Europa tornara a cair na barbárie das primeiras eras. Os povos desta parte do mundo hoje tão esclarecida viviam há séculos num estado pior do que a ignorância. Não sei que jargão científico, ainda mais desprezível do que a ignorância, usurpara o nome do saber e opunha ao seu retorno um obstáculo quase invencível. Era preciso uma revolução para trazer os homens de volta ao senso comum; ela veio, enfim, do lado mais inesperado. Foi o estúpido muçulmano, o eterno flagelo das letras, que as fez renascer entre nós. A queda do trono de Constantino trouxe à Itália os destroços da antiga Grécia. A França, por seu lado, enriqueceu-se com estas preciosos despojos. Logo as ciências seguiram as letras; à arte de escrever uniu-se a arte de pensar; gradação que parece estranha e talvez seja muito natural; e se começou a sentir a principal vantagem do comércio das Musas, o de tornar os homens mais sociáveis, inspirando-lhes o desejo de agradar uns aos outros por trabalhos dignos de mútua aprovação.

O espírito tem as suas necessidades, bem como o corpo. Estes são os fundamentos da sociedade, os outros são o seu adorno. Enquanto o governo e as leis tratam de proporcionar o bem-estar dos homens reunidos, as ciências, as letras e as artes, menos despóticas e mais potentes, talvez, estendem guirlandas de flores sobre os grilhões de ferro que os cingem, sufocam neles o sentimento desta liberdade original para a qual eles parecem ter nascido, fazem-nos amar a própria escravidão e com eles formam o que chama de povos civilizados. Ergueu os tronos a necessidade; as ciências e as artes firmaram-no. Potências da terra, amai os talentos e protegei os que os cultivam[1]. Povos civilizados, cultivai-as: escravos felizes, vós lhes deveis esse gosto delicado e fino de que vos gabais; esta doçura de caráter e esta urbanidade dos costumes que fazem com que o comércio entre vós seja tão amigável e tão fácil; numa palavra, as aparências de todas as virtudes sem ter nenhuma delas.

Por este tipo de polidez, tanto mais agradável quanto menos se exibe, distinguiram-se antigamente Atenas e Roma, nos dias tão louvados de magnificência e esplendor: por ela, sem dúvida, o nosso século e a nossa nação superarão todos os tempos e todos os povos. Um tom filosófico sem pedantismo, maneiras naturais, porém solícitas, igualmente distantes da rusticidade alemã e da pantomima italiana: são estes os frutos do gosto adquirido com os bons estudos e aperfeiçoado no comércio do mundo.

Que bom seria viver em nosso país se o aspecto exterior fosse sempre a imagem das disposições do coração; se a decência fosse virtude; se as nossas máximas nos servissem de norma; se a verdadeira filosofia fosse inseparável do título de filósofo! Mas tantas qualidades raramente andam juntas, e a virtude raramente caminha com tão grande pompa. A riqueza do traje e dos adornos pode anunciar um homem opulento, e a elegância, um homem de bom gosto; reconhece-se o homem sadio e robusto por outros sinais: sob os trajes rústicos do lavrador, e não sob o dourado do cortesão, encontraremos

---

[1] Sempre veem os príncipes com prazer o gosto pelas artes agradáveis e pelo supérfluo, desde que não resulte em exportação de dinheiro, difundir-se por entre os súditos. Pois além de os formarem naquela mesquinhez de alma tão própria à servidão, sabem muito bem que todas as necessidades que o povo adquire são outras tantas cadeias que os cingem. Querendo manter os ictiófagos em sua dependência, Alexandre os obrigou a renunciar à pesca e a se nutrirem dos alimentos comuns aos outros povos; e os selvagens da América, que andam nus e só vivem do produto da caça, jamais puderam ser domados. Com efeito, que jugo impor a homens que de nada precisam?

a força e o vigor do corpo. Os adornos não são menos estranhos à virtude, que é a força e o vigor da alma. O homem de bem é um atleta que gosta de combater nu: despreza todos esses vis ornamentos que atrapalham o uso das suas forças e cuja maioria só foi inventada para esconder alguma deformidade.

Antes que a Arte tivesse moldado as nossas maneiras e ensinado as nossas paixões a falarem uma linguagem requintada, eram rústicos os nossos costumes, mas naturais; e a diferença dos comportamentos de pronto anunciava a dos caracteres. A natureza humana, no fundo, não era melhor; os homens, porém, tinham a segurança de poderem facilmente avaliar uns aos outros, e esta vantagem, cujo valor não mais sentimos, lhes poupava muitos vícios.

Hoje, que pesquisas mais sutis e um gosto mais fino reduziram a princípios a arte de agradar, reina em nossos costumes uma vil e enganosa uniformidade, e todos os espíritos parecem ter sido jogados num mesmo molde: a polidez continuamente exige, o bom-tom ordena: continuamente seguimos os costumes, jamais nosso gênio próprio. Não mais ousamos parecer o que somos; e nesta perpétua coerção, os homens que compõem este rebanho a que chamamos sociedade, colocados nas mesmas circunstâncias, farão todos as mesmas coisas, se motivos mais potentes não o impedirem. Jamais, portanto, saberemos bem com quem estamos tratando: será preciso, pois, para conhecer o amigo, aguardar as grandes ocasiões, ou seja, aguardar que não haja mais tempo, pois é justamente para estas ocasiões que seria essencial conhecê-lo.

Que cortejo de vícios não acompanhará tal incerteza? Não mais haverá amizades sinceras; não mais estima real; não mais confiança fundada. Esconder-se-ão as suspeitas, as desconfianças, os temores, a frieza, a reserva, o ódio, a traição sob este véu uniforme e pérfido da polidez, sob esta urbanidade tão valorizada que devemos às luzes do nosso século. Não mais se profanará com juramentos o nome do Senhor do Universo, mas será insultado com blasfêmias, sem que as nossas escrupulosas orelhas sejam ofendidas com isso. Não mais se realçará o mérito próprio, mas se rebaixará o dos outros. Não se ultrajará grosseiramente o inimigo, mas será habilmente caluniado. Extinguir-se-ão os ódios nacionais, mas com ele o amor da Pátria. A ignorância desprezada será substituída por um perigoso pirronismo. Haverá excessos proscritos, vícios desonrados, mas outros serão decorados com o nome de virtudes; será preciso ou tê-los ou ostentá-los. Louvará quem quiser a sobriedade dos Sábios da época, eu, por meu lado, não vejo aí senão um refinamento de intemperança tanto mais indigno do meu elogio quanto a sua artificiosa simplicidade[2].

Tal é a pureza adquirida por nossos costumes. Assim é que nos tornamos gente de bem. Cabe às letras, às ciências e às artes reivindicarem o que lhes pertence em obra tão salutar. Acrescentarei apenas uma reflexão; é que um habitante de remotas regiões que tentasse formar uma ideia dos costumes europeus com base no estado das ciências entre nós, na perfeição das nossas artes, na correção dos nossos espetáculos, na polidez das nossas maneiras, na afabilidade dos nossos discursos, nas perpétuas demonstrações de simpatia e no concurso tumultuoso de homens de todas as idades e de todas as condições que parecem ter pressa, desde o raiar da aurora até o pôr do sol, em se servir mutuamente; é que tal estrangeiro, digo, adivinharia dos nossos costumes o exato oposto do que são.

Onde não há efeito, não há causa que procurar: mas aqui o efeito é certo, a depravação real, e as nossas almas se foram corrompendo à medida que as nossas ciências e as nossas Artes ganhavam em perfeição. Dir-se-á que esta é uma desgraça particular da nossa época? Não, Senhores; os males causados por nossa vã curiosidade são tão velhos quanto o mundo. A alta e a baixa diárias das águas do Oceano não se sujeitaram mais regularmente ao curso do astro que nos iluminou á noite, do que a sorte dos costumes e da probidade ao progresso das ciências e das artes. Vimos fugir a virtude à medida que a luz delas se elevava sobre o nosso horizonte, e o mesmo fenômenos foi observado em todos os tempos e em todos os lugares.

Considerai o Egito, esta primeira escola do Universo, este clima tão fértil sob um céu de bronze, este célebre país de onde partiu outrora Sesóstris para conquistar o mundo. Torna-se a mãe da Filosofia e das Belas-Artes e logo depois, a conquista de Cambises e depois a dos gregos, dos romanos, dos árabes e, por fim, dos turcos.

Vede a Grécia, outrora povoada por heróis que venceram por duas vezes a Ásia, uma diante de Troia e a outra em seus próprios lares. As letras nascentes ainda não haviam levado a corrupção aos corações dos seus habitantes; logo se seguiram, porém, o progresso

---

[2] *Amo*, diz Montaigne, *contestar e discorrer, mas com poucos homens e para mim. Pois servir de Espetáculo aos Grandes e exibir sem medida a inteligência e o palavrório, parece-me um ofício que cai muito mal num homem honrado.* É o de todos os nossos belos-espíritos, menos um.

das artes, a dissolução dos costumes e o jugo do macedônio, e a Grécia, sempre culta, sempre voluptuosa e sempre escrava, não teve em suas revoluções senão mudanças de senhor. Toda a eloquência de Demóstenes jamais conseguiu reanimar um corpo que o luxo e as artes haviam exaurido.

No tempo dos Ênios e dos Terêncios, Roma, fundada por um pastor e ilustrada por lavradores, começa a degenerar. Mas depois dos Ovídios, dos Catulos, dos Marciais e desta multidão de autores obscenos, cujos meros nomes já alarmam o pudor, Roma, outrora o Templo da Virtude, se torna o teatro do crime, o opróbrio das nações e o joguete dos bárbaros. Cai esta capital do mundo, enfim, sob o jugo que impusera a tantos povos, e o dia da sua queda foi a véspera daquele em que se deu a um dos seus cidadãos o título de árbitro do bom gosto.

Que direi desta metrópole do Império do Oriente, que pela posição parecia dever ser a metrópole do mundo inteiro, deste asilo das ciências e das artes banidas do resto da Europa, mais, talvez, por sabedoria do que por barbárie. Tudo o que a devassidão e a corrupção têm de mais vergonhoso; as traições, os assasínios e os mais negros venenos; o conjunto de todos os mais atrozes crimes; eis o que forma o tecido da história de Constantinopla; eis a fonte pura de onde nos vieram as luzes de que se gloria o nosso século.

Mas por que buscar em tempos remotos provas de uma verdade de que temos à nossa frente sólidos testemunhos? Há na Ásia uma região imensa em que o cultivo das letras conduz às primeiras dignidades do Estado. Se as ciências depurassem os costumes, se ensinassem os homens a derramarem o sangue pela Pátria, se animassem a coragem; os povos da China deveriam ser sábios, livres e invencíveis. Mas se não há nenhum vício que não os domine, nenhum crime que não lhes seja familiar; se nem as luzes dos ministros, nem a suposta sabedoria das leis, nem a multidão dos habitantes daquele vasto Império não puderam preservá-lo do jugo do tártaro ignorante e grosseiro, de que lhes serviram todos os seus eruditos? Que fruto tirou das honras de que se locupletam? Será a condição de escravos e de perversos?

Oponhamos a estes quadros o dos costumes do pequeno número de povos que, preservados deste contágio de vãos conhecimentos, fizeram com suas virtudes a própria felicidade e o exemplo das outras nações. Tais foram os primeiros persas, nação singular na qual se ensinava a virtude como entre nós se ensina a ciência; que subjugou a Ásia com tanta facilidade e teve sozinha a glória de ser a história das suas instituições julgada um romance de filosofia: tais foram os citas, de que nos deixaram tão magníficos elogios: tais os germanos, de que uma pluma cansada de traçar os crimes e as podridões de um povo instruído, opulento e voluptuoso, se consolava pintando a simplicidade, a inocência e as virtudes. Tal fora a mesma Roma nos tempos de pobreza e de ignorância. Tal, enfim, se mostrou até os nossos dias esta nação rústica, tão louvada pela coragem que a adversidade não conseguiu abater e pela fidelidade que o exemplo não conseguiu corromper.[3]

Não foi de modo algum por estupidez que estes preferiram outros exercícios aos do espírito. Não ignoravam que em outras paragens homens ociosos passavam a vida a discutir sobre o soberano bem, sobre o vício e sobre a virtude, e que orgulhosos raciocinadores, trocando entre si os maiores elogios, confundiam os outros povos sob o nome desdenhoso de bárbaros; mas examinaram os costumes deles e aprenderm a desprezar a doutrina deles.[4]

Esquecer-me-ei de que no seio mesmo da Grécia foi vista elevar-se esta Cidade tão célebre pela feliz ignorância, quanto pela sabedoria das leis, esta República de semideuses mais do que de homens, tão superiores à humanidade pareciam as suas virtudes? Ó Esparta! Opróbrio eterno de uma vã cultura! Enquanto os vícios trazidos pelas belas artes se introduziam todos juntos em Atenas, enquanto um tirano ali reunia com tanto esmero as obras do Príncipe dos Poetas, expulsavas de teus muros as artes e os artistas, as ciências e os cientistas.

Marcou esta diferença o evento. Tornou-se Atenas a morada da

---

[3] Não ouso falar destas nações felizes que sequer conhecem de nome os vicíos que temos tanta dificuldade para reprimir, desses selvagens da América, de que Montaigne não hesita em preferir o estado simples e natural, não só às leis de Platão, mas até a tudo o que a filosofia jamais poderá imaginar de mais perfeito para o governo dos povos. Cita ele grande quantidade de exemplos impressionantes para quem os sabe admirar: Mas como! - diz ele - Não usam calças!

[4] Digam-me, francamente, que opinião deviam ter os mesmos atenienses sobre a eloquência, quando a afastaram com tanto cuidado daquele tribunal íntegro de cujos julgamentos nem mesmo os deuses apelavam? Que pensavam os romanos da medicina, quando a baniram da República? E quando um resto de humanidade levous os espanhóis a vedarem a seus juristas a entrada na América, que ideia deveriam ter da jurisprudência? Não parece até que julgassem reparar com este único ato todos os males que haviam causado àqueles índios infelizes?

polidez e do bom gosto, a terra dos oradores e dos filósofos. A elegância dos edifícios correspondia à da linguagem. Viam-se em toda parte o mármore e a tela animados pelas mãos dos mais hábeis mestres. Saíram de Atenas aquelas obras surpreendentes, que serviram de modelo em todas as épocas corruptas. É menos brilhante o quadro da Lacedemônia. *Lá, diziam os outros povos, nascem virtuosos os homens, e o ar mesmo do lugar parece inspirar a virtude.* Dos seus habitantes, só nos restam os atos heroicos. Valem menos para nós tais monumentos do que os curiosos mármores que Atenas nos deixou?

Alguns sábios, é verdade, resistiram à maré geral e se preservaram do vício na morada das Musas. Mas ouçamos o juízo que o primeiro e o mais infeliz deles fazia dos eruditos e dos artistas do seu tempo.

"Examinei, diz ele, os poetas e os considero gente cujo talento se impõe a eles mesmos e aos outros, que se consideram sábios, que são tidos como tais e são, porém, os últimos a sê-lo.

"Dos poetas, continua Sócrates, passei aos artistas. Ninguém ignorava mais as artes do que eu; ninguém estava mais convencido de que os artistas possuíssem belíssimos segredos. Dei-me conta, porém, de que a condição deles não é melhor do que a dos poetas, e estão, uns e outros, no mesmo preconceito. Porque os mais hábeis deles são excelentes em sua parte, consideram-se os mais sábios dos homens. Tal presunção empanou completamente seu saber a meus olhos: de sorte que, colocando-me no lugar do oráculo e perguntando a mim mesmo o que preferiria ser, o que sou ou o que eles são, ou seja, saber o que eles aprenderam ou saber que nada sei; respondi a mim mesmo e ao deus: quero permanecer o que sou.

"Não sabemos, nem os sofistas, nem os poetas, nem os oradores, nem os artistas, nem eu o que seja o verdadeiro, o bom e o belo: mas há entre nós esta diferença, de que embora tais pessoas nada saibam, todas creem saber alguma coisa: ao passo que eu, se nada sei, pelo menos não tenho dúvidas a este respeito. Assim é que toda essa superioridade de sabedoria que me é concedida pelo oráculo se reduz apenas a estar convicto de ignorar o que não sei."

Eis aí, pois, o mais sábio dos homens segundo o juízo dos deuses e o mais douto dos atenienses segundo a Grécia inteira, Sócrates, a tecer o elogio da ignorância! É de crer que, se ressuscitasse entre nós, os nossos doutos e os nossos artistas o fariam mudar de ideia? Não, Senhores, este homem justo continuaria a desprezar as nossas vãs ciências; não ajudaria a inflar essa multidão de livros com que nos inundam de todo lado e deixaria apenas como preceito aos seus discípulos e aos nossos netos o exemplo e a memória da sua virtude. Assim é que é belo instruir os homens!

Começara Sócrates em Atenas, continuou o velho Catão em Roma a atacar esses gregos artificiosos e sutil que seduziam a virtude e amoleciam a coragem dos concidadãos. Mas as ciências, as artes e a dialética mais uma vez prevaleceram: encheu-se Roma de filósofos e de oradores; negligenciou-se a disciplina militar, desprezou-se a agricultura, abraçaram-se seitas e olvidou-se a Pátria. Aos sagrados nomes de liberdade, desinteresse, obediência às leis, sucederam os nomes de Epicuro, de Zenão, de Arcesilau. *Desde que começaram os doutos a aparecer entre nós*, diziam seus próprios filósofos, *eclipsaram-se as pessoas de bem*. Até então os romanos se haviam contentado em praticar a virtude; tudo se perdeu quando começaram a estudá-la.

Ó Fabrício! Que teria pensado a vossa grande alma se, para vossa desgraça chamado de volta à vida, tivésseis visto a face pomposa dessa Roma salva por vosso braço e que vosso respeitável nome mais ilustrara do que todas as conquistas? "Deuses! teríeis dito, que é desses tetos de sapé e desses lares rústicos outrorora habitados pela moderação e pela virtude? Que funesto esplendor sucedeu à simplicidade romana? Qual é essa linguagem estrangeira? Que são esses modos efeminados? Que significam essas estátuas, esses quadros, esses edifícios? Insensatos, que fizestes? Vós, os Senhores das Nações, vos tornastes escravos dos homens frívolos que havíeis vencido? Governam-vos os rétores? Regastes com o vosso sangue a Grécia e a Ásia para enriquecer arquitetos, pintores, escultores e histriãos? São presa de um flautista os despojos de Cartago? Romanos, apressai-vos a derrubar esses anfiteatros; quebrai esses mármores; queimai esses quadros; expulsai esses escravos que vos subjugam e cujas funestas artes vos corrompem. Ilustrem-se outras mãos com vãos talentos; o único talento digno de Roma é o de conquistar o mundo e nele fazer reinar a virtude. Quando Cíneas tomou o nosso Senado por uma Assembleia de Reis, não se deslumbrou nem pela pompa vã, nem pela elegância requintada. Não ouviu aquela eloquência frívola, estudo e encanto dos homens fúteis. Que viu, então, Cíneas de tão majestoso? Ó cidadãos! Viu um espetáculo que jamais darão as vossas riquezas nem as vossas artes; o mais belo espetáculo que jamais surgiu sob o céu, a Assembleia de duzentos homens virtuosos, dignos de comandar a Roma e de governar a terra."

Superemos, porém, a distância dos lugares e dos tempos e vejamos o que se passou em nossas terras e diante dos nossos olhos; ou antes, repilamos as odiosas pinturas que feririam a nossa delicadeza e nos poupemos o trabalho de repetir as mesmas coisas sob outros nomes. Não foi em vão que evoquei os manes de Fabrício; e que fiz dizer aquele grande homem que não pudesse pôr na boca de Luís XII ou de Henrique IV? É verdade que entre nós Sócrates não teria bebido a cicuta; mas teria bebido de uma taça ainda mais amarga, a zombaria insultuosa e o desprezo cem vezes pior do que a morte.

Eis aí como o luxo, a dissolução e a escravidão sempre foram o castigo dos esforços orgulhosos que fizemos para sair da feliz ignorância em que a sabedoria eterna nos colocara. O véu espesso com que ela cobriu todas as suas operações parecia avisar-nos que não nos destinou a vãs pesquisas. Mas houve alguma de suas lições que tenhamos sabido aproveitar ou que tenhamos negligenciado impunemente? Povos, sabei pois uma vez que a natureza quis preservar-vos da ciência, como a mãe arranca das mães do filho uma arma perigosa; que todos os segredos que ela vos oculta são males de que vos protege, e o trabalho que tendes para vos instruir não é o menor de seus favores. São perversos os homens; seriam ainda piores se tivessem tido a desgraça de nascerem doutos.

Como são humilhantes estas reflexões para a humanidade! Como deve ser com elas mortificados o nosso orgulho! Como! Seria a probidade filha da ignorância? Seriam incompatíveis a ciência e a virtude? Que consequência não se poderia tirar destes preconceitos? Mas para conciliar estas aparentes contradições, basta examinar de perto a vaidade e a nulidade destes títulos orgulhosos que nos deslumbram e damos tão gratuitamente aos conhecimentos humanos. Consideremos, pois, as ciências e as artes em si mesmas. Vejamos o que deve resultar de seu progresso; e não hesitemos mais em convir em todos os pontos em que os nossos raciocínios estiverem de acordo com as induções históricas.

Segunda parte

Era uma velha tradição passada do Egito para a Grécia, que o inventor das ciências era um deus inimigo do repouso dos homens[1]. Que opinião, portanto, deviam ter delas os mesmos egípcios, em meio aos quais elas haviam nascido? É que eles viam de perto as fontes que as haviam produzido. Com efeito, quer quando folheemos os anais do mundo, quer quando supramos crônicas incertas com pesquisas filosóficas, não encontraremos para os conhecimentos humanos uma origem que corresponda à ideia que amamos ter sobre eles. A astronomia nasceu da superstição; a eloquência, da ambição, do ódio, da adulação, da mentira; a geometria, da avareza; a física, de uma vã curiosidade; todas, e até mesmo a moral, do orgulho humano. Devem, pois, as ciências e as artes o nascimento aos nossos vícios: teríamos menos dúvidas acerca de suas vantagens se o devessem às nossas virtudes.

O defeito da origem fica claro até demais nos objetos. Que faríamos das artes sem o luxo que as sustenta? Sem as injustiças dos homens, de que serviria a jurisprudência? Que seria da história se não hovesse nem tiranos, nem guerras, nem conspirações? De que valeria passar a vida em estéreis contemplações se, consultando cada

---

[1] É fácil ver a alegoria da fábula de Prometeu; e não parece que os gregos que o prenderam sobre o Cáucaso tivessem ideias muito mais favoráveis do que os egípcios sobre o seu deus Toth. "O sátiro, diz uma antiga fábula, quis beijar e abraçar o fogo, a primeira vez que o viu; Prometeu, porém, lhe gritou: 'Sátiro, chorarás a barba do teu queixo, pois ele queima quando tocado'. É o tema do frontispício.

qual só os deveres dos homens e as necessidades da natureza, só tivéssemos tempo para a Pátria, para os infelizes e para os amigos? Fomos feitos, então, para morrermos presos à beira do poço em que a verdade se retirou? Só esta reflexão deveria desanimar já nos primeiros passos todo homem que buscasse seriamente instruir-se pelo estudo da filosofia.

Quantos perigos! Quantas falsas pistas na investigação das ciências! Por quantos erros mil vezes mais perigosos do que a verdade é útil não temos de passar para chegar a ela? É visível a desvantagem; pois o falso é suscetível de um sem-número de combinações; mas a verdade só tem um modo de ser. Quem é, aliás, que a busca com sinceridade? Mesmo com a melhor boa vontade, por que sinais teremos certeza de reconhecê-la? Nesta multidão de sentimentos diversos, qual será o nosso *critério* para bem julgá-la?[2] E, o que é mais difícil, se por sorte enfim a encontrarmos, quem de nós saberá fazer bom uso dela?

Se são vãs as nossas ciências no objeto que se propõem, são ainda mais perigosas pelos efeitos que produzem. Nascidas no ócio, elas o nutrem por sua vez; e a perda irreparável do tempo é o primeiro prejuízo que elas necessariamente causam à sociedade. Tanto na politica como na moral, é grande mal não fazer o bem; e todo cidadão inútil pode ser considerado um homem pernicioso. Respondei-me, pois, filósofos ilustres; vós pelos quais sabemos em que razões os corpos se atraem no vácuo; quais são, nas revoluções dos planetas, as relações das áreas percorridas em tempos iguais; que curvas têm pontos conjugados, pontos de inflexão e de reversão; como o homem tudo vê em Deus; como a alma e o corpo se correspondem sem comunicação, quais dois relógios; que astros podem ser habitados; que insetos se reproduzem de maneira extraordinária? Respondei-me, digo, vós de quem recebemos tantos conhecimentos sublimes; se vós não nos tivésseis jamais ensinado nada sobre essas coisas, seríamos nós menos numerosos, menos bem governados, menos temíveis, menos florescentes ou mais perversos? Considerai, pois, a importância

---

[2] Quanto menos sabemos, mais cremos saber. Tinham alguma dúvida os peripatéticos? Não construiu Descartes um universo com cubos e turbilhões? E, hoje mesmo, haverá na Europa um físico, por mais insignificante que seja, que não explique ousadamente este profundo mistério da eletricidade, que talvez constitua para sempre o desespero dos verdadeiros filósofos?

das vossas produções; e se os trabalhos dos mais esclarecidos dos nossos cientistas e dos nossos melhores cidadãos nos proporcionam tão pouca utilidade, dizei-nos que devemos pensar desta multidão de escritores obscuros e de literatos ociosos que devoram inutilmente a substância do Estado.

Que digo: ociosos? Oxalá o fossem mesmo! Com isso os costumes seriam mais sadios e a sociedade, mais pacífica. Mas esses declamadores fúteis e vãos avançam de todos os lados, armados com seus funestos paradoxos, solapando os fundamentos da fé e aniquilando a virtude. Sorriem desdenhosamente das velhas palavras Pátria e Religião, e consagram seus talentos e sua filosofia a destruir e aviltar tudo o que há de sagrado entre os homens. Não que, no fundo, eles odeiem a virtude ou nossos dogmas; é da opinião pública que eles são inimigos; e para trazê-los de volta ao pé do altar, bastaria relegá-los entre os ateus. Ó furor de se distinguir, que não podeis?

É grande mal o abuso do tempo. Outros males ainda piores acompanham as letras e as artes. É o caso do luxo, nascido como elas do ócio e da vaidade dos homens. Raramente o luxo anda sem as ciências e as artes, e elas jamais andam sem ele. Sei que a nossa filosofia, sempre fértil em máximas singulares, pretende, contra a experiência de todos os séculos, que o luxo faz o esplendor dos Estados; mas depois de ter-se esquecido da necessidade das leis suntuárias, ousará ela negar também que os bons costumes não sejam essenciais à duração dos impérios e que o luxo não seja diametralmente oposto aos bons costumes? Que o luxo seja um sinal seguro de riquezas; que ele sirva, se quiserem, para multiplicá-las: que se haveria de concluir deste paradoxo tão digno de nascer em nossos tempos; e que será da virtude, quando tivermos de enriquecer a qualquer preço? Os políticos antigos falavam sem cessar de costumes e de virtude; os nossos só falam de comércio e de dinheiro. Um vos dirá que um homem vale em tal país a soma pela qual seria vendido em Argel; outro, seguindo esse cálculo, encontrará países onde um homem nada vale e outros onde vale menos que nada. Avaliam os homens como rebanhos de gado. Segundo eles, um homem só vale ao Estado o consumo que faz. Assim, um sibarita valeria bons trinta lecedemônios. Adivinhem, pois, qual dessas duas Repúblicas, Esparta ou Síbaris, foi subjugada por um punhado de camponeses e qual fez tremer a Ásia.

A monarquia de Ciro foi conquistada com trinta mil homens por um príncipe mais pobre do que o menor dos sátrapas da Pérsia; e os citas, o mais miserável de todos os povos, resistiu aos mais poderosos monarcas do universo. Duas famosas repúblicas disputaram o império do mundo; uma era riquíssima, a outra não tinha nada, e foi esta que destruiu a outra. O Império Romano, por sua vez, depois de ter absorvido todas as riquezas do universo, foi presa de gente que sequer sabia o que fosse riqueza. Conquistaram os francos as Gálias, os saxões a Inglaterra sem outros tesouros senão a bravura e a pobreza. Uma tropa de pobres montanheses cuja avidez se limitava a algumas peles de cordeiro, depois de ter domado a altivez austríaca, esmagou a opulenta e temível Casa da Burgúndia, que fazia tremer os potentados da Europa. Enfim, toda a potência e toda a sabedoria do herdeiro de Carlos V, sustentadas por todos os tesouros das Índias, vieram quebrar-se contra um punhado de pescadores de arenque. Dignem-se os nossos políticos a suspender seus cálculos para refletir sobre estes exemplos e aprendam de uma vez por todas que tudo se consegue com o dinheiro, salvo bons costumes e cidadãos.

De que se trata exatamente nesta questão de luxo? De saber o que é mais importante para os impérios, serem brilhantes e passageiros ou virtuosos e duradouros. Digo brilhantes, mas com que brilho? O gosto pelo fasto raramente se associa nas mesmas almas com o do honesto. Não, não é possível que espíritos degradados por uma multidão de preocupações fúteis se elevem alguma vez a algo de grande; e mesmo que tivessem forças para tanto, lhes faltaria coragem.

Todo artista quer aplausos. Os elogios dos contemporâneos são a parte mais preciosa de sua recompensa. Que faria, então, para obtê-los se por desgraça tivesse nascido em meio a um povo e em tempos em que os doutos em moda tivessem dado a uma juventude frívola o poder de ditar o tom; em que os homens sacrificaram seus gostos aos tiranos de sua liberdade[3]; em que, não ousando um dos sexos aprovar o que é proporcionado à pusilanimidade do outro, obras-primas de

---

[3] Estou muito longe de achar que tal ascendente das mulheres seja um mal em si. É um presente que lhes fez a natureza, para felicidade do gênero humano: melhor dirigido, poderia produzir tanto bem quanto hoje faz mal. Não percebemos o bastante quantas vantagens para a sociedade nasceriam de uma melhor educação dada a esta metade do gênero humano que governa a outra. Serão os homens sempre o que quiserem as mulheres; se quereis, pois, que eles se tornem grandes e virtuosos, ensinai às mulheres o que é a grandeza de alma e a virtude. As reflexões que este assunto fornece e que Platão fez antigamente bem mereceriam ser mais desenvolvidas por uma pluma digna de escrever em conformidade com tal mestre e de defender tão grande causa.

poesia dramática são desprezadas e prodígios de harmonia rejeitados? Que fará ele, Senhores? Rebaixará o seu gênio ao nível do seu século e preferirá compor obras comuns, que serão admiradas enquanto ainda vivo, a maravilhas que só se admirariam muito tempo depois da sua morte. Dizei-nos, célebre Arouet[4], quantas vezes sacrificastes belezes másculas e fortes à nossa falsa delicadeza, e quantas coisas grandes o espírito de galantaria, tão fértil em pequenas, vos custou.

Assim é que a dissolução dos costumes, consequência necessária do luxo, acarreta por sua vez a corrupção do gosto. Pois se, por sorte, entre os homens extraordinários pelos talentos se encontrar algum que tenha firmeza de alma e se recuse a se prestar ao gênio de seu século e se aviltar com produções pueris, ai dele! Morrerá na indigência e no esquecimento. Oxalá fosse este um prognóstico que faço, e não uma experiência que relato! Carle, Pierre[5]; chegou a hora em que cairá de vossas mãos o pincel destinado a aumentar a majestade dos nossos templos com imagens sublimes e santas ou será prostituído para ornar de pinturas lascivas os painéis de uma carruagem. E tu, rival dos Praxíteles e dos Fídias; tu cujo cinzel os antigos teriam empregado em lhes fazer deuses capazes de desculpar a nossos olhos sua idolatria; inimitável Pigal[6], tua mão terá de escolher entre diminuir a barriga de um estafermo ou permanecer ociosa.

Não podemos refletir sobre os costumes sem nos deliciar em lembrar da imagem da simplicidade dos primeiros tempos. É uma praia ornada apenas pelas mãos da natureza, para a qual voltamos sem cessar os olhos e da qual a contragosto vemos afastar-nos. Quando os homens inocentes e virtuosos amavam ter os deuses como testemunhas de seus atos, habitavam juntos sob as mesmas cabanas; mas tendo logo se tornado maus, cansaram-se desses espectadores incômodos e os relegaram a templos magníficos. Expulsaram-nos, enfim, dali para ali se estabelecerem eles mesmos, ou pelo menos os templos dos deuses não mais se distinguiram das casas dos cidadãos. Foi, então, o cúmulo da depravação; e os vícios jamais chegaram a

---

[4] François-Marie Arouet, nome real de Voltaire (1694-1778).

[5] Carle Van Loo, nomeado primeiro pintor do rei de França em 1762. Pierre trabalhou como ilustrador de algumas edições de Rousseau.

[6] Jean-Baptiste Pigalle (1714-1785), espécie de "escultor oficial" na França de meados do século XVIII. Deu nome ao famoso bairro parisiense onde morava.

tais extremos que quando foram vistos, por assim dizer, sustentados à entrada dos palácios dos grandes sobre colunas de mármore e gravados em capitéis coríntios.

Enquanto se multiplicam as comodidades da vida, as artes se aprefeiçoam e o luxo se amplia; a verdadeira coragem definha, esvaem-se as virtudes militares e é ainda o trabalho das ciências e de todas essas artes que se exercem à sombra do gabinete. Quando os godos devastaram a Grécia, todas as bibliotecas só foram salvas do fogo pela opinião difundida por um deles, de que deviam deixar aos inimigos aqueles bens tão próprios a afastá-los dos exercícios militares e a diverti-los em ocupações ociosas e sedentárias. Viu-se Carlos VIII senhor da Toscana e do Reino de Nápoles mal tendo de desembainhar a espada; e toda a sua Corte atribuiu essa facilidade inesperada ao fato de os príncipes e a nobreza da Itália divertirem-se mais em tornar-se engenhosos e eruditos, do que em exercitar-se para se tornarem vigorosos e guerreiros. Com efeito, diz o homem sensato que narra estes dois fatos, todos os exemplos nos ensinam que, nesta marcial disciplina e em todas as que lhe são semelhantes, o estudo das ciências é muito mais próprio a amolecer e a efeminar as coragens do que a fortalecê-las e a estimulá-las.

Admitiram os romanos que a virtude militar se extinguira entre eles, à medida que haviam começado a ter conhecimentos sobre quadros, gravuras, vasos de ourivesaria e a cultivar as belas-artes; e como se esse famoso país estivesse destinado a servir sempre de exemplo aos outros povos, a ascenção dos Médicis e o restabelecimento das letras derrubaram mais uma vez, e talvez para sempre, essa reputação guerreira que a Itália parecia ter recuperado há alguns séculos.

As antigas repúblicas da Grécia, com aquela sabedoria que brilhava na maioria das suas instituições, haviam vedado aos seus cidadãos todas aquelas profissões tranquilas e sedentárias que, enfraquecendo e corrompendo o corpo, reduzem o vigor da alma. Imagine-se de que modo, com efeito, podem encarar a fome, a sede, as fadigas, os perigos e a morte homens que a menor necessidade abala e a menor adversidade desanima. Com que coragem suportarão os soldados os trabalhos excessivos a que não estão de modo algum acostumados? Com que ardor farão marchas forçadas sob oficiais que não têm sequer vigor para viajarem a cavalo? Não venham objetar-me o renomado valor de todos esses guerreiros modernos, tão doutamente disciplinados. Louvam-me sua bravura em dia de batalha, mas não me dizem como suportam o excesso de trabalho, como resistem ao rigor das estações e à intempéries do ar. Basta um pouco de sol ou de neve, basta as privações de algum supérfluo para fundir e destruir em poucos dias o melhor dos nossos exércitos. Guerreiros intrépidos, suportai uma vez a verdade que ouvis tão raramente; sois valentes, eu sei; teríeis vencido Aníbal em Cannes e no Trasímeno, César convosco teria atravessado o Rubicão e subjugado seu país; mas não é convosco que o primeiro teria atravessado os Alpes e o outro vencido vossos avós.

Nem sempre os combates decidem a guerra e há para os generais uma arte superior à de ganhar batalhas. Um corre ao fogo com intrepidez, mas não deixa de ser um péssimo oficial: até no soldado, um pouco mais de força e de vigor seria talvez mais necessário do que tanta bravura, que não o protege da morte; e que diferença faz para o Estado se as suas tropas pereçam pelo frio ou pelo ferro do inimigo?

Se a cultura das ciências é nociva às qualidades guerreiras, é-o ainda mais às qualidades morais. Pois desde os nossos primeiros anos uma educação insensata orna o nosso espírito e corrompe o nosso julgamento. Vejo em toda parte estabelecimentos imensos, onde se educa com altos gastos a juventude, para lhe ensinar todas as coisas, exceto os deveres. Vossos filhos ignorarão sua própria língua, mas falarão outras que não estão em uso em nenhum lugar: saberão compor versos que mal conseguirão compreender: sem saber separar o erro da verdade, dominarão a arte de torná-los irreconhecíveis aos outros por meio de argumentos especiosos; mas as palavras magnanimidade, equidade, temperança, humanidade, coragem, eles não saberão o que seja; o doce nome da pátria jamais impressionará seus ouvidos; e se ouvem falar de Deus, será menos para temê-lo do que para ter medo dele[7]. Eu preferiria, dizia um Sábio, que meu estudante tivesse passado o tempo num jogo de palmas, pois assim pelo menos o corpo estaria mais bem disposto. Sei que se devem ocupar as crianças e o ócio para elas é o maior perigo que temer. Que devem, então aprender? Eis aí decerto uma bela pergunta! Aprendam o que devem fazer quando forem homens[8], e não o que devem esquecer.

---

[7] *Pens. Philosoph.*

[8] Tal era a educação dos espartanos, segundo o maior de seus reis. É, diz Montaigne, algo digno de enorme consideração que nessa excelente organização de Licurgo, monstruosa, na verdade, pela perfeição, tão cuidadosa, porém, com a alimentação das crianças, como de sua principal responsabilidade, e no próprio lar das Musas, tão pouca menção se faça da doutrina: como se, desdenhando essa generosa juventude qualquer outro jugo, tivessem

Os nossos jardins são ornados de estátuas e as nossas galerias, de quadros. Que, segundo vós, representam essas obras-primas da arte, expostas à admiração pública? Os defensores da pátria? Ou aqueles homens ainda maiores, que a enriqueceram com suas virtudes? Não. São imagens de todos os desvios do coração e da razão, extraídos cuidadosamente da antiga mitologia e cedo apresentados à curiosidade das nossas crianças; sem dúvida para que elas tenham diante dos olhos modelos de más ações antes mesmo de saberem ler.

De onde nascem todos estes abusos, a não ser da funesta desigualdade introduzida entre os homens pela distinção dos talentos e pelo aviltamento das virtudes? Eis aí o efeito mais evidente de todos os nossos estudos e a mais perigosa de todas as suas consequências. Não mais perguntam de um homem se tem probidade, mas se tem talentos; nem de um livro se é útil, mas se é bem escrito. São prodigadas recompensas ao belo espírito, e a virtude permanece sem honrarias. Há mil prêmios para os belos discursos, nenhum para as

---

tido de lhes dar, em vez de mestres de ciência, somente mestres de valentia, de prudência e de justiça.

Vejamos agora como o mesmo autor fala dos antigos persas. Conta Platão, diz ele, que o filho mais velho de sua sucessão real era criado assim: depois de nascer, era entregue, não a mulheres, mas a eunucos com a maior autoridade depois do rei, por causa de sua virtude. Estes se encarregavam de lhes tornar o corpo belo e sadio, e depois de sete anos o adestravam a montar cavalo e ir à caça. Quando completava quatorze anos, entregavam-no a quatro homens: o mais sábio, o mais justo, o mais moderado e o mais valente do país. Ensinava-lhe o primeiro a religião; o segundo, a ser sempre veraz; o terceiro, a vencer a cupidez; o quarto, a nada temer. Todos, acrescentarei eu, a torná-lo bom, nenhum a torná-lo culto.

Em Xenofonte, Astiages pede a Ciro explicações sobre a sua última lição: Em nossa escola, um meninão com um casaco pequeno deu-o a um dos companheiros de menor tamanho e lhe tirou o casaco, que era maior. Tendo nosso preceptor me nomeado juiz deste litígio, julguei que era melhor deixar as coisas como estavam e que um e outro pareciam melhor acomodados assim. Nisso ele me admoestou que eu havia julgado mal: pois me havia limitado a considerar a conveniência, e cumpria primeiro cuidar da justiça, que determinava que ninguém fosse forçado no que se refere ao que lhe pertence. E diz que ele foi punido, como somos punidos nas aldeias por nos termos esquecido o primeiro aoristo de τύπτω. Meu professor faria uma bela arenga, *in genere demonstrativo*, antes de me persuadir que sua escola tem o mesmo valor que aquela.

belas ações. Digam-me, no entanto, se a glória ligada ao melhor dos discursos que serão coroados por esta Academia é comparável ao mérito de ter criado o prêmio?

Não corre o sábio atrás da riqueza, mas não é insensível à glória, e quando a vê tão mal distribuída, sua virtude, que um pouco de emulação teria estimulado e tornado vantajosa à sociedade, cai prostrada e se extingue na miséria e no esquecimento. Eis o que deve produzir a longo prazo em toda parte a preferência concedida aos talentos agradáveis sobre os talentos úteis e o que a experiência confirmou até demais desde a renovação das ciências e das artes. Temos físicos, geômetras, químicos, astrônomos, poetas, músicos, pintores; não mais temos cidadãos; ou se ainda nos restam alguns deles, dispersos pelos campos abandonados, ali perecem indigentes e desprezados. Tal é o estado a que se reduziram, tais os sentimentos que obtém de nós os que nos dão pão e dão leite aos nossos filhos.

Confesso, porém: o mal não é tão grande quanto poderia tornar-se. A previdência eterna, ao colocar ervas medicinais salutares ao lado de diversas plantas daninhas, e na substância de muitos animais nocivos o remédio para as suas feridas, ensinou aos soberanos, que são seus ministros, a imitar a sua sabedoria. A exemplo dela, do seio mesmo das ciências e das artes, fontes de mil desregramentos, este grande Monarca, cuja glória adquirirá de época em época um novo brilho, tirou essas sociedades célebres, responsáveis ao mesmo tempo pelo perigoso depósito dos conhecimentos humanos e pelo depósito sagrado dos costumes, pela atenção que elas têm de manter em si toda a pureza deles e de exigi-los nos membros que admitem.

Estas sábias instituições, consolidadas por seu augusto sucessor e imitadas por todos os reis da Europa, servirão pelo menos de freio para os literatos que, aspirando todos à honra de serem aceitos nas Academias, velarão por si mesmos e tratarão de se tornar dignos por trabalhos úteis e costumes irrepreensíveis. Aquelas dessas Companhias que pelos prêmios com que honram o mériito literário fizerem uma seleção de assuntos capazes de reanimar o amor da virtude no coração dos cidadãos mostrarão que tal amor reina entre elas e darão aos povos esse prazer tão raro e tão doce de ver sociedades eruditas devotarem-se a verter sobre o gênero humano, não só luzes agradáveis, mas também instruções salutares.

Não me venham opor, portanto, uma objeção que para mim não é senão uma nova prova. Tantos cuidados provam até demais a necessidade de tomá-los e não se buscam remédios a males que não existem.

Por que devem estes assumir ainda, por sua insuficiência, o caráter de remédios ordinários? Tantas instituições criadas a favor dos cientistas estão capacitados a se impor sobre os objetos das ciências e de dirigir as inteligências o cultivo delas. Pelas precauções tomadas, parece que temos lavradores demais e temamos carecer de filósofos. Não quero arriscar aqui uma comparação entre a agricultura e a filosofia, que não seria bem recebida. Perguntarei apenas: que é a filosofia? Que contêm os escritos dos filósofos mais conhecidos? Quais as lições desses amigos da sabedoria? Ao ouvi-los, não os tomamos por um bando de charlatães que gritam, cada um por seu lado, numa praça pública: vinde a mim, só eu não me engano? Um pretende que não haja corpos e tudo seja representação. Outro, que não há substância senão a matéria, nem Deus senão o mundo. Este aventa que não há nem virtudes, nem vícios, e o bem e o mal são quimeras. Aquele, que os homens são lobos e podem devorar-se sem escrúpulos de consciência. Ó grandes filósofos! Por que não reservais a vossos amigos e aos vossos filhos tais úteis lições; logo receberíeis o prêmio por elas, e não temeríamos encontrar entre os nossos um de vossos sectários.

Eis, pois, os homens maravilhosos a que foi prodigada a estima dos contemporâneos durante a vida e reservada a imortalidade após o trespasse! Eis as sábias máximas que deles recebemos e que transmitimos de época em época aos nossos descendentes.Entregue a todo tipo de desregramento da razão humana, deixou o paganismo à posteridade algo que se possa comparar aos vergonhosos monumentos que lhe preparou a imprensa, sob o reinado do Evangelho? Pereceram com eles os ímpios escritos dos Leucipos e dos Diágoras. Ainda não haviam inventado a arte de etermizar as extravagâncias do espírito humano.Graças, porém, aos caracteres tipográficos[9] e ao uso que deles fazemos, os perigosos devaneios dos Hobbes e dos Espinosas permanecerão para sempre. Ide, escritos célebres de que a ignorância

---

[9] Considerando as horrendas desordens que a imprensa já causou na Europa, a julgar o futuro pelo progresso que o mal faz dias após dia, é fácil prever que os soberanos não tardarão a se esforçar tanto para banir de seus Estados essa arte terrível, quanto se empenharam para neles implantá-la. Cedendo o sultão Achmet às importunidades de algumas pretensas pessoas de bom gosto, consentira em estabelecer uma gráfica em Constantinopla. Mas assim que a prensa entrou em funcionamento, foram obrigados a destruí-la e jogar os seus instrumentos num poço. Dizem que o califa Omar, consultado sobre o que devia ser feito com a biblioteca de Alexandria, respondeu o seguinte. Se os

e a rusticidade dos nossos pais não seriam capazes; acompanhai junto aos nossos descendentes estas obras ainda mais perigosas, de onde se exala a corrupção dos costumes do nosso século e levai aos séculos vindouros uma história fiel do progresso e das vantagens das nossas ciências e das nossas artes. Se eles vos lerem, não lhes deixareis nenhuma perplexidade sobre a questão que levantamos hoje: e a menos que sejam mais insensatos do que nós, erguerão as mãos ao céu e dirão na amargura de seus corações; "Deus omnipotente, tu que tens nas mãos os espíritos, livra-nos das luzes e das funestas artes dos nossos pais e nos devolve a ignorância, a inocência e a pobreza, os únicos bens que possam fazer-nos felizes e sejam preciosos diante de ti."

Mas se o progresso das ciências e das artes nada acrescentou à nossa verdadeira felicidade; se ele corrompeu os nossos costumes e se a corrupção dos costumes atentou contra a pureza do gosto, que havemos de pensar desta multidão de autores elementares que afastaram do templo das Musas as dificuldades que impediam o seu acesso e que a natureza havia plantado como prova de força para os que tivessem a tentação de saber? Que havemos de pensar desses compiladores de livros que indiscretamente escancararam as portas das ciências e introduziram em seu santuário uma ralé indigna de dele se aproximar; quando seria de desejar que todos os que não pudessem ir longe na carreira das Letras fossem desencorajados desde o começo e se dedicassem às artes úteis à sociedade. O indivíduo que por toda a vida será mau versejador, um geômetra subalterno, teria talvez se tornado um grande fabricante de tecidos. Não precisaram de mestres os que a natureza destinara a fazer discípulos. Os Verulams, os Descartes e os Newtons, estes preceptores do gênero humano, não tiveram preceptores, e que guias os teriam conduzido até onde seus vastos gênios os levaram? Mestres comuns só poderiam ter estreitado seus entendimentos, encerrando-os na estreita capacidade do deles próprios. Pelos primeiros obstáculos, eles aprenderam a fazer esforços e se exercitaram em atravessar o espaço imenso que

---

livros dessa biblioteca contêm coisas opostas ao Alcorão, são maus e devemos queimá-los. Se contêm apenas a doutrina do Alcorão, queimai-os também: são supérfluos. Nossos eruditos citaram este raciocínio como o cúmulo do absurdo. Suponde, no entanto, Gregório, o Grande, no lugar de Omar e o Evangelho no lugar do Alcorão, a biblioteca também teria sido queimada e este teria sido, talvez, o mais belo episódio da vida desse ilustre Pontífice.

percorreram. Se for preciso permitir a alguns homens entregar-se ao estudo das ciências e das artes, será apenas àqueles que sentirem possuir a força para caminhar sobre os seus rastros e superá-los. Cabe a este pequeno número elevar monumentos à glória do espírito humano. Mas se quisermos que nada esteja acima do gênio deles, é preciso que nada esteja acima da esperança deles. Eis aí o único encorajamento de que precisam. A alma aos poucos se adequa aos objetos que a ocupam, e as grandes ocasiões é que fazem os grandes homens. O Príncipe da Eloquência foi cônsul de Roma, e o maior, talvez, dos filósofos, chanceler da Inglaterra. Será possível que se um só tivesse ocupado uma cátedra nalguma universidade e o outrro só tivesse obtido uma módica pensão da Academia; será possível, digo, que seus livros não se ressentissem de tal condição? Não desdenhem os reis, portanto, admitir em seus conselhos as pessoas mais capazes de bem aconselhá-los; renunciem ao velho preconceito inventado pelo orgulho dos poderosos, de que a arte de conduzir os povos é mais difícil do que a de esclarecê-los: como se fosse mais fácil fazer os homens aceitarem de bom grado agir bem do que obrigá-los a tanto pela força. Encontrem os cientistas de primeira ordem honroso asilo em suas cortes. Obtenham a única recompensa digna deles, a de contribuir com seu crédito para a felicidade dos povos a que tiverem ensinado a sabedoria. Só então se verá o que podem a virtude, a ciência e a autoridade estimuladas por uma nobre emulação e trabalhando de concerto para a felicidade do gênero humano. Mas enquanto o poder estiver sozinho de um lado e as luzes e a sabedoria de outro, os doutos raramente pensarão grandes coisas, os príncipes farão mais raramente coisas belas e os povos continuarão a ser vis, corruptos e infelizes.

Quanto a nós, homens vulgares, a quem o Céu não concedeu tão grandes talentos e não destina a tanta glória, permaneçamos em nossa obscuridade. Não corramos atrás de uma reputação que nos escaparia e, no presente estado de coisas, jamais nos renderia o que nos teria custado, ainda que tivéssemos todos as condições de obtê-la. De que serve buscar a felicidade na opinião de outrem, se podemos encontrá-la em nós mesmos? Deixemos a outros o cuidado de instruir os povos de seus deveres e nos limitemos a bem cumprir os nossos: não precisamos saber mais do que isto.

Ó virtude! Ciência sublime das almas simples, é então necessário tanto sofrimento e tanto aparato para te conhecer? Não estão teus princípios gravados em todos os corações e não basta para aprender as tuas leis voltarmo-nos para nós mesmos e escutarmos a voz da consciência no silêncio das paixões? Eis aí a verdadeira filosofia, saibamos contentar-nos com ela; e sem invejar a glória desses homens célebres que se imortalizam na república das letras, tratemos de colocar entre eles e nós esta distinção gloriosa que outrora se observava entre dois grandes povos; que um sabia bem dizer e o outro, bem fazer.

Observação de Jean-Jacques Rousseau Sobre a resposta dada ao seu discurso Resposta a Stanislas

Eu deveria antes agradecer do que replicar ao autor anônimo que acaba de honrar o meu Discurso com uma resposta. Mas o que devo ao reconhecimento não me fará esquecer o que devo à verdade; e tampouco me esquecerei de que todas as vezes que a razão está em questão, os homens voltam ao direito da Natureza, recuperando a sua primeira igualdade.

O Discurso a que devo replicar está repleto de coisas muito verdadeiras e muito bem provadas, às quais não vejo nenhuma resposta: pois embora nele seja chamado de Doutor, muito me aborreceria ser contado entre os que têm resposta para tudo.

Nem por isso a minha defesa será mais fácil. Ela se limitará a comparar com os meus sentimentos as verdades que me objetam; pois se provar que elas não o atacam, creio que será tê-lo bem defendido.

Posso reduzir a dois pontos principais todas as proposições estabelecidas pelo meu adversário; uma contém o elogio das ciências; a outra trata do abuso delas. Examina-las-ei separadamente.

Pelo tom da resposta, parece que muito folgariam que eu tivesse censurado as ciências muito mais do que de fato critiquei. Supõem que o elogio delas que se encontra no início do meu Discurso deve ter-me custado muito; trata-se, segundo o autor, de uma confissão arrancada pela verdade, de que não tardei em me retratar.

Se tal confissão é um elogio arrancado pela verdade, cumpre, pois, acreditar que eu pensava das ciências o bem que delas disse; o bem que o mesmo autor diz sobre elas não é, portanto, contrário ao meu sentimento. Tal confissão, dizem, foi arrancado à força: tanto melhor para a minha causa; pois isto mostra que para mim a verdade é mais forte do que as inclinações. Mas com que base podem julgar que aquele elogio foi forçado? Porventura porque está mal feito? Seria instaurar um terribilíssimo processo contra a sinceridade dos autores, julgá-los com base neste novo princípio. Seria por ser breve demais? Creio que eu poderia facilmente dizer menos coisas em mais páginas. É, dizem, porque me retratei; ignoro em que lugar cometi tal erro; e tudo o que posso responder é que não foi essa a minha intenção.

É evidente que a ciência é boníssima em si; e seria preciso ter renunciado ao bom senso para dizer o contrário. O Autor de todas as coisas é a fonte da verdade; tudo conhecer é um dos seus divinos atributos. É, portanto, de alguma forma participar da suprema inteligência adquirir conhecimentos e ampliar as próprias luzes. Neste sentido, louvei o saber e é neste sentido que o louva o meu adversário. Ele discorre ainda sobre os diversos gêneros de utilidade que o homem pode retirar das artes e das ciências; e eu teria dito tudo isso com prazer, se tal fosse o meu tema. Estamos, assim, perfeitamente de acordo quanto a isto.

Mas como é possível que as ciências, cuja fonte é tão pura e o fim tão louvável, gerem tantas impiedades, tantas heresias, tantos erros, tantos sistemas absurdos, tantas contradições, tantas inépcias, tantas sátiras amargas, tantos romances miseráveis, tantos versos licenciosos, tantos livros obscenos; e nos que as cultivam, tanto orgulho, tanta avareza, tanta maldade, tantas cabalas, tantos ciúmes, tantas mentiras, tantas perfídias, tantas calúnias, tantas covardes e vergonhasas adulações? Dizia eu que é porque a ciência, por mais bela e sublime que seja, não foi feita para o homem; que ele tem o espírito limitado demais para nela fazer grandes progressos e paixões demais no coração para não fazer mau uso dela; que é o bastante para ele bem estudar os seus deveres e que cada qual recebeu todas as luzes de que precisa para esse estudo. Admite o meu adversário, por seu lado, que as ciências se tornam nocivas quando delas se abusa e que muitos, de fato, abusam dela. Nisto não dizemos, creio eu, coisas muito diferentes; acrescento, é verdade, que se abusa muito e que se abusa sempre, e não me parece que na resposta se tenha afirmado o contrário.

Posso, portanto, assegurar que os nossos princípios e, por conseguinte, todas as proposições que deles se podem deduzir nada têm de opostos, e é isto que eu tinha a provar. Quando vamos concluir, porém, nossas duas conclusões se revelam contrárias uma à outra. A minha era que, já que as ciências fazem mais mal aos costumes do que bem à sociedade, era de desejar que os homens a elas se entregassem com menos entusiasmo. A do meu adversário é que, embora as ciências provoquem muitos males, não devem deixar de ser cultivadas, por causa do bem que fazem. Apelo, não ao público, mas ao pequeno grupo dos verdadeiros filósofos para que me digam qual destas duas conclusões se deve preferir.

Restam-me algumas ligeiras observações a fazer sobre alguns pontos dessa resposta que me pareceram carecer um pouco da correção que com prazer admiro nas outras e que podem ter contribuído, com isso, para o erro cometido pelo autor na consequência que delas tira.

A obra tem início com algumas considerações pessoais que só citarei na medida em que forem pertinentes à questão. Honra-me o autor com numerosos elogios, e isto é, sem dúvida, abrir-me uma bela carreira. Mas há demasiado pouca proporção entre estas coisas: um silêncio respeitoso sobre os objetos de nossa admiração é com frequência mais conveniente do que elogios indiscretos.[1]

Diz-se que o meu discurso tem com que surpreender[2]; acho que isto exigiria alguns esclarecimentos. Estão ainda surpresos por vê-lo coroado; não é, porém, um prodígio ver coroados escritos medíocres. Em qualquer outro sentido, esta surpresa seria tão honrosa à Academia de Dijon, quanto injuriosa à integridade das Academias em geral; e é fácil sentir como eu tiraria vantagem da minha causa.

Acusam-me, por frases muito agradavelmente torneadas, de contradição entre o meu comportamento e a minha doutrina; censuram-

---

[1] Todos os príncipes, bons e maus, serão sempre vil e indiferentemente louvados, enquanto houver cortesãos e literatos. Quanto aos príncipes que são grandes homens, cabe-lhes elogios mais moderados e melhor escolhidos. A adulação ofende sua virtude, e o mesmo louvor pode prejudicar sua glória. Sei muito bem, pelo menos, que Trajano seria muito maior para mim se Plínio jamais tivesse escrito. Se Alexandre tivesse sido, de fato, como gostava de se exibir, não se teria preocupado com o seu retrato nem com a sua estátua; mas, para seu panegírico, só teria permitido que um lacedemônio o fizesse, correndo o risco de não o obter. O único elogio digno de um rei é o que se faz ouvir, não pela boca mercenária de um orador, mas pela voz de um povo livre.

[2] É a questão mesma que pode surpreender: grande e bela questão se alguma houve digna do nome, e que talvez não seja renovada tão cedo. A Academia Francesa acaba de propor para o prêmio de eloquência do ano de 1752 um tema muito parecido com aquele. Trata-se de defender que o *Amor das Letras inspira o amor da virtude*. Não julgou a Academia conveniente propor tal assunto como problema; e esta sábia Companhia duplicou para

me por ter eu mesmo cultivado os estudos que condeno[3]; uma vez que a ciência e a virtude são incompatíveis, como pretendem que eu me empenhe em provar, perguntam-me, em tom bastante incisivo, como ouso valer-me de uma declarando-me a favor da outra.

Há muita habilidade em me implicar assim na questão; esta acusação pessoal não pode deixar de me atrapalhar em minha resposta, ou melhor, em minhas respostas; pois infelizmente tenho mais de uma a dar. Tratemos, pois, de fazer que a exatidão supra a falta de encantos.

1. Que o cultivo das ciências corrompe os costumes de uma nação é o que ousei sustentar, é o que ouso crer ter provado. Mas como teria podido afirmar que em cada homem em particular a ciência e a virtude sejam incompatíveis, eu que exortei os príncipes a convocar os verdadeiros doutos em suas cortes e a lhes dar sua confiança, para que vejamos de uma vez por todas o que podem a ciência e a virtude reunidas para a felicidade do gênero humano? Tais verdadeiros eruditos são poucos, confesso; pois para bem servir-se da ciência é preciso reunir grandes talentos e grandes virtudes; ora, é o que dificilmente se pode esperar de todo um povo. Não poderíamos, pois, concluir dos meus princípios que um mesmo homem não possa ser douto e virtuoso ao mesmo tempo.

2. Poder-se-ia ainda menos me censurar pessoalmente por essa suposta contradição, mesmo que ela existisse realmente. Adoro a virtude, meu coração me é testemunha disto; ele também diz até demais que grande distância vai deste amor à prática que torna o homem virtuoso; estou, aliás, muito longe de ter alguma ciência e ainda mais de ostentá-lo. Eu teria acreditado que a ingênua confissão que fiz no começo do meu Discurso me protegeria desta imputação, temia antes que me acusassem de julgar coisas que não conhecia. É fácil perceber que me era impossível evitar ao mesmo tempo estas duas censuras. Quem sabe até se não viriam a reuni-las, se não me apressasse em condenar esta última, por menos merecida que possa ser?

---

tal ocasião o tempo que antes concedia aos autores, mesmo para os temas mais difíceis.

[3] Eu não poderia justificar-me, como muitos outros, pois a nossa educação não depende de nós e não nos consultam para nos envenenar: foi com intenso prazer que me entreguei aos estudos; e com maior prazer ainda eu os abandonei, ao me dar conta da inquietação que eles provocavam em minha alma, sem nenhum proveito para a razão. Quero distância de um ofício enganoso, onde se crê muito fazer pela sabedoria, ao fazer tudo pela vaidade.

3. Eu poderia citar a este respeito o que diziam os Padres da Igreja sobre as ciências mundanas, que eles desprezavam, e de que, porém, se serviam para combater os filósofos pagãos. Poderia mencionar a comparação feita por eles com os vasos dos egípcios roubados pelos israelitas: mas me contentarei, como última resposta, em propor esta questão: se alguém viesse matar-me e eu tivesse a sorte de me apoderar de sua arma, ser-me-ia vedado, antes de jogá-la fora, servir-me dela para expulsá-lo de casa?

Se a contradição de que me acusam não existe, não é, pois, necessário supor que eu tenha querido divertir-me com um frívolo paradoxo; e isto me parece ainda menos necessário, pois o tom que assumi, por pior que possa ser, pelo menos não é o que se usa nos jogos de espírito.

É hora de concluir o que me diz respeito: jamais ganhamos nada em falar de nós mesmos; e é uma indiscrição que o público dificilmente perdoa, mesmo obrigado. A verdade é tão independente dos que a atacam e dos que a defendem, que os autores que a disputam deveriam esquecer-se reciprocamente; isto pouparia muito papel e tinta. Esta regra, porém, tão fácil de aplicar comigo, não o é em relação ao meu adversário; e esta não é uma diferença vantajosa para a minha réplica.

Observando que ataco as ciências e as artes por seus efeitos sobre os costumes, vale-se o autor para me responder da enumeração das utilidades que delas se retiram em todas as condições; é como se, para justificar um acusado, se contentassem em provar que ele passa muito bem, tem muita habilidade ou é muito rico. Contanto que me concedam que as artes e as ciências nos tornam pessoas desonestas, não discordarei que elas nos sejam, aliás, muito cômodas; é mais uma semelhança que elas terão com a maioria dos vícios.

Vai mais longe o autor e pretende também que o estudo nos seja necessário para admirarmos as belezas do universo e que o espetáculo da natureza, exposto, ao que parece, aos olhos de todos para a instrução dos simples, exige ele mesmo muita instrução nos observadores para ser por eles percebido. Confesso que tal proposição me surpreende: será que é ordenado a todos os homens serem filósofos ou só é ordenado aos filósofos crerem em Deus? Exorta-nos a Escritura em mil lugares a adorar a grandeza e a bondade de Deus nas maravilhas das suas obras; não acho que elas nos tenham prescrito em nenhum lugar estudar física, nem que o Autor da natureza seja menos bem adorado por mim, que nada sei, do que por aquele que conhece o cedro, o hissopo e as trombas da mosca e do elefante.

Sempre julgamos ter dito o que fazem as ciências quando dizemos o que elas deveriam fazer. São coisas, porém, que me parecem muito diferentes: o estudo do universo deveria elevar o homem ao seu Criador, eu sei; mas só eleva a vaidade humana. O filósofo que se gaba de penetrar nos segredos de Deus ousa associar a sua suposta sabedoria à sabedoria eterna: aprova, acusa, corrige, prescreve leis à natureza e limites à Divindade; e enquanto, ocupado com seus vãos sistemas, se esfalfa para arranjar a máquina do mundo, o lavrador que vê a chuva e o sol, um após outro, fertilizarem o campo, admira, louva e bendiz a mão de que recebe estas graças, sem se aventurar a saber na maneira como elas lhe chegam. Não procura justificar a ignorância ou os defeitos próprios pela incredulidade. Não censura as obras de Deus e não ataca seu senhor para fazer brilhar sua suficiência. Jamais a frase ímpia de Afonso X ocorrerá a homem vulgar: tal blasfêmia estava reservada a uma boca erudita.

A curiosidade natural ao homem, prossegue, *inspira-lhe a vontade de aprender*. Ele deveria, então, esforçar-se para contê-la, como todas as suas inclinações naturais. *Suas carências fazem com que sinta a necessidade dela*. Sob muitos aspectos, os conhecimentos são úteis; os selvagens, no entanto, são homens, e não sentem tal necessidade, *suas utilizações lhe impõem a obrigação de adquiri-los*. Elas lhe impõem com frequência muito maior a obrigação de renunciar aos estudos para cuidar dos afazeres[4]. *Seus progressos fazem com que sintam o prazer ligado a eles*. Por isso mesmo deveriam desconfiar deles. *As suas primeiras descobertas aumentam a avidez de saber*. Isto acontece, de fato, com quem tem talento. *Quanto mais conhece, mais sente que tem conhecimentos a adquirir*; ou seja, que a utilidade de todo o tempo que ele perde é incentivá-lo a perder ainda mais: mas só há um punhado de homens de gênio para os quais a visão da própria ignorância se desenvolve à medida que aprendem, e é só para eles que o estudo pode ser bom: os espíritos limitados mal aprendem alguma coisa e já creem tudo saber, e não há nenhum tipo de besteira que tal convicção não os faça dizer e fazer. *Quanto mais conhecimentos adquiridos ele tem, mais facilidade tem de fazer o bem*. Vemos que ao falar assim o autor consultou muito mais o coração do que observou os homens.

---

[4] É mau sinal para uma sociedade que os que a conduzem precisem de tanta ciência; se os homens fossem o que devem ser, mal teriam necessidade de estudar para aprender as coisas que devem fazer.

Afirma também que é bom conhecer o mal para aprender a evitá-lo; e dá a entender que só podemos ter certeza de nossa virtude depois de tê-la posto à prova. Tais máximas são pelo menos duvidosas e sujeitas a muita discussão. Não é certo que para aprendermos a fazer o bem sejamos obrigados a saber de quantas maneiras se pode fazer o mal. Temos um guia interior, muito mais infalível do que todos os livros e ele jamais nos abandona quando dele precisamos. Isto seria o bastante para nos comportarmos inocentemente, se quiséssemos escutá-lo sempre; e como seríamos obrigados a pôr à prova as nossas forças para podermos confiar em nossa virtude, se é um dos exercícios da virtude evitar as ocasiões do vício?

O homem sábio está constantemente em alerta e sempre desconfia de suas próprias forças: reserva toda a coragem para casos de necessidade e nunca se expõe inadequadamente. O fanfarrão é o que sempre se gaba de mais do que pode fazer e, depois de ter afrontado e insultado a todos, se deixa derrotar no primeiro embate. Pergunto qual destes dois retratos mais se parece com o do filósofo às voltas com as paixões.

Censuram-me por ter tomado dos antigos os meus exemplos de virtude. Parece que eu teria encontrado ainda mais exemplos se tivesse voltado mais no tempo: citei também um povo moderno, e não é culpa minha se só encontrei um. Censuram-me também, de um modo geral, ter feito paralelos odiosos, onde entra, dizem, menos zelo e equidade do que inveja contra os meus compatriotas e má-vontade para com os meus contemporâneos. No entanto, talvez ninguém ame tanto quanto eu o seu país e os seus compatriotas. Além disso, só tenho uma palavra a responder. Tenho minhas razões e elas é que devo ponderar. Quanto às minhas intenções, cumpre deixar o julgamento sobre elas àquele a quem ele pertence.

Não devo calar-me aqui sobre uma objeção considerável que já me havia sido feita por um filósofo[5]: *Não será*, dizem-me aqui, *ao clima, ao temperamento, à falta de oportunidade, à falta de objeto, à economia do governo, aos costumes, às leis, a qualquer outra coisa do que as ciências, que devemos atribuir esta diferença que às vezes observamos nos costumes em diferentes países e em diferentes tempos?*

---

[5] Prefácio da *Enciclopédia*.

Tal questão contém grandes ideias e exigiria esclarecimentos extensos demais para convir a este texto. Tratar-se-ia, aliás, de examinar as relações muito ocultas, mas muito reais que se estabelecem entre a natureza do governo e o gênio, os costumes e os conhecimentos dos cidadãos; e isto me faria entrar em discussões delicadas, que poderiam levar-me longe demais. Além disso, seria muito difícil para mim falar de governo sem conceder vantagens demais ao meu adversário; e, tudo bem considerado, estas são pesquisas boas para se fazer em Genebra, e em outras circunstâncias.

Passo a uma acusação muito mais grave do que a anterior. Transcrevê-la-ei em seus próprios termos, pois é importante expô-la fielmente aos olhos do leitor.

Quanto mais examina o cristão a autenticidade dos seus títulos, mais se sente seguro da posse de sua crença; quanto mais estuda a revelação, mais se fortalece na fé; nas divinas escrituras descobre a origem e a excelência dela; nos doutos escritos dos Padres da Igreja segue de século em século o seu desenvolvimento; nos livros de moral e nos anais santos vê os exemplos e faz aplicação dela.

Como! Tirará da religião e da virtude a ignorância apoios tão poderosos! E será que um doutor de Genebra há de ensinar em alto e bom som que devemos a ela a irregularidade dos costumes! Espantar-nos-íamos ainda mais de ouvir tão estranho paradoxo, se não soubéssemos que a singularidade de um sistema, por mais perigoso que seja, não é senão uma razão a mais para quem só tem como regra seu próprio espírito.

Ouso perguntar ao autor como pôde dar semelhante interpretação aos princípios que estabeleci? Como pôde acusar-me de reprovar o estudo da religião, eu que reprovo acima de tudo o estudo das nossas vãs ciências porque nos afasta do estudo dos nossos deveres? E que é o estudo dos deveres do cristão senão o de sua religião mesma?

Sem dúvida, deveria eu reprovar expressamente todas essas pueris sutilezas da escolástica, com as quais, sob pretexto de esclarecer os princípios da religião, se aniquila o seu espírito, substituindo pelo orgulho científico a humildade cristã. Deveria ter-me erguido com mais energia contra esses ministros indiscretos, os primeiros a ousar pôr as mãos na Arca, para amparar em seu pobre saber um edifício sustentado pela mão de Deus. Deveria ter-me indignado contra tais homens frívolos que, com suas miseráveis minúcias, aviltaram a sublime simplicidade do Evangelho e reduziram a silogismos a doutrina de Jesus Cristo. Mas hoje estou aqui para me defender, não para atacar.

Vejo que seria preciso concluir esta disputa pela história e pelos fatos. Se eu fosse capaz de expor em poucas palavras o que as ciências e a religião tiveram de comum desde o começo, isto talvez servisse para decidir a questão sobre este ponto.

O povo que Deus escolheu para Si jamais cultivou as ciências e jamais lhe foi aconselhado o estudo delas; se, porém, tal estudo servisse para alguma coisa, precisaria dele mais do que qualquer outro povo. Ao contrário, seus chefes sempre se esforçaram para mantê-lo o máximo possível afastado das nações idólatras e cultas que o rodeavam. Precaução menos necessária para ele de um lado do que de outro; pois era muito mais fácil esse povo fraco e grosseiro deixar-se seduzir pelas trapaças dos sacerdotes de Baal do que pelos sofismas dos filósofos.

Depois das dispersões frequentes entre os egípcios e os gregos, a ciência ainda teve mil dificuldades para germinar nas cabeças dos hebreus. Josefo e Fílon, que em qualquer outro lugar teriam sido apenas dois homens medíocres, foram prodígios entre eles. Os saduceus, reconhecíveis por sua irreligião, foram os filósofos de Jerusalém; os fariseus, grandes hipócritas[6], foram seus doutores. Estes, embora limitassem sua ciência quase que só ao estudo da Lei, faziam tal estudo com todo o luxo e toda a suficiência dogmática; observavam também com enorme atenção todas as práticas da religião; mas nos ensina o Evangelho o espírito dessa exatidão e a importância que lhes devemos dar; além disso, tinham eles muito pouca ciência e muito orgulho; e não é nisto que eles mais diferiam dos nossos doutores de hoje.

No estabelecimento da nova Lei, Jesus não quis confiar aos doutos a sua doutrina e o seu ministério. Seguiu nesta escolha a predileção que sempre demonstrou pelos pequenos e pelos simples. E nas ins-

---

[6] Vemos reinar entre estes dois partidos este ódio e este desprezo recíprocos que reinaram desde sempre entre os doutores e os filósofos; isto é, entre os que fazem de sua cabeça um repertório da ciência de outros e aqueles que se gabam de ter uma deles próprios. Colocai um contra o outro o professor de música e o professor de dança do Burguês Fidalgo e tereis o antiquário e o belo espírito; os químico e o escritor; o jurisconsulto e o médico; o geômetra e o versejador; o teólogo e o filósofo; para bem julgar toda essa gente, basta consultar a eles mesmos e ouvir o que cada um deles diz, não de si mesmo, mas dos outros.

truções que dava aos discípulos não vemos nenhuma palavra sobre estudo nem sobre ciência, a não ser para assinalar o desprezo que sentia por tudo aquilo.

Depois da morte de Jesus Cristo, doze pobres pescadores e artesãos trataram de instruir e converter o mundo. O método era simples; pregavam sem arte, mas com o coração convicto, e de todos os milagres com que Deus honrava a fé deles, o mais impressionante era a santidade de suas vidas; os discípulos seguiram este exemplo, e o bom sucesso foi prodigioso. Os sacerdotes pagãos, alarmados, comunicaram aos príncipes que o Estado estava perdido, pois as oferendas estavam diminuindo. Intensificaram-se as perseguições e os perseguidores só fizeram acelerar os progressos desta religião que queriam sufocar. Corriam todos os cristãos ao martírio, todos os povos ao batismo: a história destes primeiros tempos é um prodígio contínuo.

Os sacerdotes dos ídolos, no entanto, não contentes em perseguir os cristãos, começaram a caluniá-los; os filósofos, que não se interessavam por uma religião que prega a humildade, uniram-se a seus sacerdotes. Choviam de toda parte as zombarias e as injúrias sobre a nova seita. Foi preciso tomar da pluma para defender-se. Escreveu São Justino Mártir[7] a primeira apologia da sua fé. Atacaram

---

[7] Estes primeiros escritores que selavam com sangue ao testemunho da pluma seriam hoje autores muito escandalosos; pois defendiam precisamente o mesmo sentimento que eu. Em seu diálogo com Trifão, São Justino passa em revista as diversas seitas de filosofia que outrora havia experimentado e as torna tão ridículas que acreditaríamos ler um diálogo de Luciano: vemos, assim, na Apologia de Tertuliano, como os primeiros cristãos se ofendiam por serem tomados como filósofos.

Seria, de fato, um pormenor muito desonroso para a filosofia a exposição das máximas perniciosas e dos dogmas ímpios das suas diversas seitas. Os epicuristas negavam toda providência, os acadêmicos duvidavam da existência da Divindade e os estoicos, da imortalidade da alma. Não tinham as seitas menos célebres melhores sentimentos; eis aqui uma amostra dos de Teodoro, chefe de um dos ramos dos cirenaicos, citado por Diógenes Laércio. *Sustulit amicitiam quod ea neque insipientibus neque sapientibus adsit... Probabile dicebatt prudentem virum non seipsum pro patria periculis exponere, neque enim pro insipientium commodis amistendam esse prudentiam. Furto quoque et adulterio et sacrilegio cum tempestivum erit daturum operam sapientiam. Nihil quippe horum turpe natura esse. Sed auferatur de hisce vulgaris opinio, quae e stultorum imperitorumque plebecula est... sapientem publice absque ullo pudore ac suspicione scortis congressurum.* [Ele rejeitou a amizade

os pagãos, por sua vez; atacá-los era vencê-los; os primeiros bons êxitos encorajaram outros escritores: sob pretexto de expor a torpeza do paganismo, entregaram-se à mitologia e à erudição[8]; quiseram mostrar ciência e inteligência, foram publicados livros em profusão e os costumes começaram a se relaxar.

Logo não mais se contentaram com a simplicidade do Evangelho e com a fé dos Apóstolos, passaram a querer ter sempre mais inteligência que os antecessores. Inventaram sutilezas sobre todos os dogmas; cada qual queria defender a própria opinião, ninguém queria ceder. Fez-se ouvir a ambição de ser chefe de seita e pululararam por toda parte as heresias.

O desatino e a violência não tardaram em entrar na disputa. Esses cristãos tão mansos, que só sabiam estender o pescoço às facas,

---

porque ela não era favorável nem aos ignorantes, nem aos sábios... Dizia que é razoável que o homem prudente não se exponha aos perigos pela pátria, que não vá renunciar a esta prudência para proveito de idiotas. Professava que o sábio, quando oportuno, pode dar-se ao furto, ao adultério e ao sacrilégio. Nada, na verdade, é torpe por natureza. Dever-se-ia extirpar uma opinião nascida na opinião popular dos tolos e dos ingênuos... o sábio pode francamente frequentar as cortesãs sem com isto se tornar suspeito].

Tais opiniões são particulares, bem o sei; mas haverá uma única seita entre todas que não tenha caído em algum erro perigoso? E que diremos da distinção das duas doutrinas, tão avidamente aceita por todos os filósofos e pela qual professavam em segredo sentimentos contrários aos que ensinavam publicamente? Foi Pitágoras o primeiro a fazer uso da doutrina interior; só a descobria aos discípulos depois de longas provas e com o maior mistério; dava-lhes em segredo lições de ateísmo e oferecia solenemente hecatombes a Júpiter. Os filósofos deram-se tão bem com este método, que ele rapidamente se espalhou pela Grécia e de lá para Roma; como vemos pelas obras de Cícero, que zombava com os amigos dos deuses imortais que tomava por testemunha com tanta ênfase na tribuna, em suas arengas. A doutrina interior não foi levada da Europa para a China; mas ali nasceu também junto com a filosofia; e a ela devem os chineses essa multidão de ateus ou de filósofos que têm em seu país. A história dessa fatal doutrina, feita por um homem instruído e sincero, seria um rude golpe contra a filosofia antiga e moderna. Mas a filosofia sempre desafiará a razão, a verdade e o mesmo tempo; porque tem origem no orgulho humano, mais forte do que todas as coisas.

[8] Com justiça se censurou a Clemente de Alexandria ter ostentado em seus escritos uma erudição profana pouco adequada a um cristão. Parece, entretanto, que era desculpável na época instruir-se da doutrina da qual tinham de se defender. Mas quem poderia ver sem rir todo o esforço despendido hoje por nossos eruditos para esclarecerem os devaneios da mitologia?

tornaram-se entre si perseguidores furiosos, piores do que os idólatras: todos cometeram os mesmos excessos, e o partido da verdade não foi defendido com mais moderação do que o do erro.

Outro mal ainda mais perigoso nasceu da mesma fonte. Foi a introdução da antiga filosofia na doutrina cristã. De tanto estudarem os filósofos gregos, acreditaram ver neles algumas relações com o cristianismo. Ousaram crer que com isso a religião se tornaria mais respeitável, assumindo a autoridade da filosofia; houve um tempo em que era preciso ser platônico para ser ortodoxo; e por pouco primeiro Platão, depois Aristóteles, não foram colocados no altar ao lado de Jesus Cristo.

Ergueu-se a Igreja mais de uma vez contra tais abusos. Os seus mais ilustres defensores muitas vezes os deploraram em termos fortes e enérgicos: muitas vezes tentaram dela banir toda essa ciência mundana, que maculava a sua pureza. Um dos mais ilustres papas chegou mesmo ao excesso de zelo de afirmar que era vergonhoso sujeitar a palavra de Deus às regras da gramática.

Mas por mais que clamasse, arrastados pela corrente, foram obrigados a se conformar com o uso que condenavam; e foi de maneira muito erudita que a maioria deles declamou contra os progressos das ciências.

Depois de longas agitações, as coisas tomaram, enfim, uma conformação mais fixa. Por volta do século X, a chama das ciências deixou de iluminar a terra; o clero permaneceu mergulhado numa ignorância que não quero justificar, pois envolvia tanto as coisas que ele deve saber quanto as que lhe são inúteis, mas com a qual a Igreja obteve pelo menos um pouco mais de tranquilidade do que até então.

Depois do renascimento das letras, não tardaram a recomeçar as divisões, mais terríveis do que nunca. Homens eruditos iniciaram a querela, homens eruditos sustentaram-na e os mais capazes mostraram-se sempre os mais obstinados. Em vão se estabeleceram conferências entre os doutores dos diferentes partidos; nenhum dele trazia dentro de si o amor da reconciliação, nem talvez o da verdade; todos só carregavam o desejo de brilhar às custas do adversário; cada qual queria vencer, ninguém queria instruir-se; o mais forte sempre impunha silêncio ao mais fraco; a disputa sempre terminava com injúrias, e a preseguição foi sempre o seu fruto. Só Deus sabe quando acabarão todos estes males.

Hoje as ciências florescem, a literatura e as artes brilham entre nós; que proveito tirou disto a religião? Perguntemo-lo àquela multidão de filósofos que se gabam de não tê-la. As nossas bibliotecas estão repletas de livros de teologia; e abundam entre nós os casuístas. Antigamente, tínhamos santos e nenhum casuísta. Alastra-se a ciência e a fé desparece. Todos querem ensinar a bem agir, e ninguém quer aprendê-lo; tornamo-nos todos doutores e deixamos de ser cristãos.

Não, não é com tanta arte e aparato que o Evangelho se espalhou por todo o universo e a sua beleza encantadora penetrou nos corações. Este divino livro, o único necessário a um cristão e o mais útil de todos a qualquer pessoa, mesmo não cristã, só precisa ser meditado para trazer à alma o amor do seu Autor e a vontade de praticar os seus preceitos. Jamais falou a virtude linguagem tão doce; jamais a mais profunda sabedoria se exprimiu com tanta energia e simplicidade. Não deixamos a leitura sem nos sentirmos melhores do que antes. Ó vós, ministros da lei que ali me é anunciada, não vos empenheis tanto em me instruir de tantas coisas inúteis. Deixem de lado todos esses livros sapientes, que não sabem nem me convencer, nem me comover. Prosternai-vos diante desse Deus de misericórdia, que vos encarregais de me fazer conhecer e amar; rogai-lhe essa humildade profunda que deveis pregar-me. Não me exibais essa ciência orgulhosa nem esse fasto indecente que vos desonram e me revoltam; comovei-vos vós mesmos, se quereis que eu o seja; e sobretudo mostrai-me em vossa conduta a prática dessa Lei de que me pretendeis instruir. Não precisais saber nem me ensinar mais do que ela, e vosso ministério terá atingido o seu objetivo. Em tudo isto não é questão de letras nem de filosofia. Assim é que convém seguir e pregar o Evangelho e é assim que os seus primeiros defensores o fizeram triunfar sobre todas as nações, *non Aristotelico more*, diziam os Padres da Igreja, *sed Piscatorio*.[9]

Sinto que estou alongando-me demais, mas julguei não poder deixar de me demorar um pouco sobre um ponto de tanta importância. Além disso, os leitores impacientes devem refletir que a crítica é uma coisa muito cômoda; pois onde se ataca com uma só palavra, são necessárias páginas para a defesa.

Passo à segunda parte da resposta, na qual me empenharei em ser mais breve, embora não encontre menos observações que fazer.

Não das ciências, dizem-me, *mas das riquezas nasceram sempre a indolência e o luxo*. Eu tampouco dissera que o luxo tivesse nascido

---

[9] Não à maneira aristotélica, mas do pescador (NT).

das ciências; mas que haviam nascido juntos e raramente um anda sem o outro. Eis como conformaria esta genealogia. A primeira fonte do mal é a desigualdade; da desigualdade vieram as riquezas; pois as palavras "pobre" e "rico" são relativas, e em toda parte onde os homens forem iguais não haverá nem ricos, nem pobres. Das riquezas nasceram o luxo e a ociosidade; do luxo vieram as belas-artes, e da ociosidade, as ciências. *Em tempo nenhum as riquezas foram apanágio dos doutos.* É nisso mesmo que o mal é maior, os ricos e os doutos só servem para se corromperem mutuamente. Se os ricos fossem mais doutos ou os doutos, mais ricos, uns seriam aduladores menos covardes e os outros amariam menos a baixa bajulação, e ambos seriam melhores. É o que se pode ver pelo pequeno número dos que têm a felicidade de ser doutos e ricos ao mesmo tempo. *Por um Platão na opulência, por um Aristipo aceito na corte, quantos filósofos reduzidos à mendicância, envolvidos em sua própria virtude e ignorados na solidão?* Não discordo que haja grande número de filósofos paupérrimos e, com certeza, muito aborrecidos de sê-lo: não duvido tampouco que a maioria deles deva a sua filosofia apenas à pobreza: mas ainda que quisesse supô-los virtuosos, será que é com base nos costumes deles, que o povo não vê, é que ele aprenderia a reformar os seus? *Os doutos não têm o gosto por juntar grandes bens, nem lazer para tanto.* Consinto em crer que não tenham o lazer para isso. *Eles amam o estudo.* Aquele que não amasse o seu ofício seria louco ou miserável. *Vivem na mediocridade*; é preciso estar extremamente predisposto a favor deles para considerar isto um mérito. *Uma vida laboriosa e moderada, que se passa no silêncio do recolhimento, ocupada pela leitura e pelo trabalho, certamente não é uma vida voluptuosa e criminosa.* Não, pelo menos aos olhos dos homens: tudo depende do interior. Pode um homem ser forçado a levar uma vida assim e ter, porém, alma muito corrompida; que importa, aliás, que seja virtuoso e modesto, se os trabalhos de que se ocupa alimentam a ociosidade e estragam o espírito dos concidadãos? *As comodidades da vida, embora sejam muitas vezes frutos das artes, nem por isso são o quinhão dos artistas.* Não me parece que eles sejam de recusá-las; sobretudo aqueles que se ocupam de artes completamente inúteis e, por conseguinte, muito lucrativas, têm totais condições de obter o que desejam. *Só trabalham para os ricos.* Do jeito que vão as coisas, não me espantaria ver um dia os ricos trabalharem para eles. *E são os ricos ociosos que se aproveitam e abusam dos frutos da indústria deles.* Mais uma vez, não vejo que os nossos artistas sejam pessoas tão simples e tão modestas; o luxo não poderia reinar numa ordem de cidadãos sem que logo se introduzisse em meio a todas as outras sob diversas modificações, e em toda parte faz o mesmo estrago.

O luxo corrompe tudo; tanto o rico que dele usufrui quanto o miserável que o deseja. Não poderíamos dizer que seja um mal em si usar punhos de renda, roupas bordadas e uma caixa esmaltada. Mas é mal muito grande dar importância a essas bagatelas, considerar feliz o povo que os usa e consagrar a conseguir adquirir coisas semelhantes tempo e atenções que todo homem deve a mais nobres objetivos. Não preciso conhecer a profissão de quem se ocupa de tais ideias para saber o juízo que devo fazer sobre ele.

Aceitei o belo retrato que nos fazem aqui dos eruditos e creio poder atribuir a mim mesmo certo mérito por esta complacência. Meu adversário é menos indulgente: não só não me concede nada que possa recusar-me; mas em vez de condenar o mal que eu penso da nossa vã e falsa polidez, prefere desculpar a hipocrisia. Pergunta-me se eu gostaria que o vício se mostrasse a descoberto? É claro que sim. A confiança e a estima renasceriam entre os bons, aprenderíamos a desconfiar dos maus e com isso a sociedade seria mais segura. Prefiro que o meu inimigo me ataque abertamente do que venha traiçoeiramente golpear-me pelas costas. Como, então! Será preciso unir o escândalo ao crime? Não sei; mas gostaria que não somassem a ele o embuste. São muito cômodas para os maus todas essas máximas que nos pregam há muito sobre o escândalo: se quiséssemos segui-las rigorosamente, teríamos de deixar-nos pilhar, trair, matar impunemente e jamais punir ninguém; pois é objeto escandalosíssimo o celerado na roda. Mas é a hipocrisia uma homenagem que o vício presta à virtude? Sim, como a dos assassinos de César, que se prosternavam a seus pés para degolá-lo com maior segurança. Por mais brilhante que seja tal pensamento, por mais autorizado que seja pelo nome célebre do seu autor[10], nem por isso é mais justo. Diremos de um pilantra que veste a libré de uma casa para dar o golpe mais comodamente, que ele presta homenagem ao dono da casa por ele assaltada? Não, cobrir a maldade com o perigoso manto da hipocrisia não é honrar a virtude; é ultrajá-la, profanando as suas insígnias; é somar a covardia e o embuste a todos os outros vícios; é fechar para sempre todo o caminho de volta à probidade. Há caracteres elevados

---

[10] O duque de La Rochefoucauld.

que mostram até no crime algo de altivo e generoso que deixa entrever por dentro ainda alguma faísca desse fogo celeste feito para animar as belas almas. Mas a alma vil e rasteira do hipócrita é semelhante a um cadáver onde não encontramos mais nem fogo, nem calor, nem recurso à vida. Apelo para a experiência. Vimos grandes criminosos caírem em si, terminarem a carreira de modo são e morrerem como predestinados. Mas o que nunca ninguém viu é um hipócrita tornar-se homem de bem; poderíamos tentar razoavelmente a conversão de Cartouche, jamais um homem sábio tentaria a de Cromwell.

Atribuí ao restabelecimento das letras e das artes a elegância e a polidez que reinam em nossas maneiras. O autor da resposta discorda, o que muito me espanta: pois uma vez que dá tanta importância à polidez e às ciências, não vejo vantagem em tirar de uma destas coisas a honra de ter produzido a outra. Examinemos, porém, as suas provas: elas se reduzem a isto. *Não vemos que os doutos sejam mais polidos do que os outros homens: ao contrário, com frequência o são muito menos; não é, portanto, a nossa polidez obra das ciências.*

Observarei, em primeiro lugar, que se trata aqui menos de ciências do que de literatura, de belas-artes e de obras de bom gosto; e nossos belos espíritos, tão pouco doutos quanto quiserem, mas tão polidos, tão bem relacionados, tão brilhantes, tão petulantes, dificilmente se reconheceriam pelo ar rabujento e pedante que o autor da resposta lhes quer prestar. Mas lhe concedamos este antecedente; concedamos, se preciso, que os eruditos, os poetas e os belos espíritos sejam todos igualmente ridículos; que os cavalheiros da Academia de Belas-Artes, os cavalheiros da Academia de Ciências, os cavalheiros da Academia Francesa sejam gente grossa, que não conhece o bom-tom nem os usos da alta sociedade e excluída por condição da boa companhia; o autor pouco ganhará com isto, e não terá mais o direito de negar que a polidez e a urbanidade que reinam entre nós sejam o efeito do bom gosto, colhido primeiro dos antigos e difundido em meio aos povos da Europa pelos livros agradáveis ali publicados em toda parte[11].

---

[11] Quando se trata de objetos tão gerais quanto os costumes e a maneiras de um povo, temos de prestar atenção para nãoe limitar-nos a nossa visão sempre a exemplos particulares. Isto faria com que jamais nos déssemos conta das origens das coisas. Para saber se tenho razão em atribuir a polidez ao cultivo das letras, não se deve procurar saber se um ou outro erudito é cortês; mas examinar as relações que pode haver entre a literatura e a polidez e, em seguida, ver quais são os povos para os quais tais coisas influem nos costu-

Como nem sempre os melhores mestres de dança são os que dançam melhor, podemos dar ótimas lições de polidez, sem querermos ou podermos ser nós mesmos polidos. Aqueles pesados comentadores que, segundo dizem, sabem tudo acerca dos antigos, menos a graça e a finura, não deixaram, com seus úteis trabalhos, de nos ensinar a sentir essas belezas que eles mesmos não sentiam. O mesmo ocorre com esse encanto do comércio e essa elegância dos costumes com que a pureza deles é substituída e que se fez notar em todos os povos em que as letras foram honradas, em Atenas, em Roma, na China, em toda parte se viu a polidez, tanto da linguagem como das maneiras, acompanhar sempre, não os eruditos ou os artistas, mas as ciências e as belas-artes.

O autor ataca em seguida os louvores que teci à ignorância: e acusando-me de ter falado mais como orador do que como filósofo, pinta, por sua vez, a ignorância; e não é de admirar que não lhes dê belas cores.

Não nego que ele tenha razão, mas não creio estar errado. Basta uma distinção muito justa e muito verdadeira para nos conciliar.

Há uma ignorância feroz[12] e brutal, que nasce de um coração mau e de um espírito falso; uma ignorância criminosa, que abrange até os deveres da humanidade; que multiplica os vícios; que degrada a razão, avilta a alma e torna os homens semelhantes às feras: tal ignorância é a que o autor ataca e de que faz um retrato profundamente odioso e fiel. Há outra espécie de ignorância, razoável, que consiste em limitar a curiosidade à extensão das faculdades que recebemos; uma ignorância modesta, nascida de um vivo amor da virtude, e que não inspira senão indiferença por todas as coisas indignas de preencher o

---

mes de uma nação e acerca dos quais tenciono fazer a cada dia lastimáveis raciocínios. Examinar tudo isto minuciosamente e em alguns indivíduos não é filosofar, é perder tempo e reflexão; pois podemos conhecer a fundo João ou José e ter feito muito poucos progressos no conhecimento dos homens.

[12] Muito me espantaria se algum dos meus críticos não parta dos elogios que fiz de vários povos ignorantes e virtuosos para me contraporem a lista de todos os bandos de malfeitores que infestaram a terra e não costumavam ser homens muito doutos. Exorto-os de antemão a não se esfalfarem nesta pesquisa, a menos que não a julguem necessária para me mostrar erudição. Se eu tivesse dito que basta ser ignorante para ser virtuoso, nem valeria a pena responder-me; e pela mesma razão eu me considerarei absolutamente dispensado de responder a quem perder tempo defendendo o contrário.

coração do homem e que não contribuem para torná-lo melhor; uma doce e preciosa ignorância, tesouro da alma pura e contente consigo mesma, de que toda a felicidade consiste em debruçar-se sobre si mesma, em prestar-se testemunho de sua própria inocência e que não precisa ir buscar uma falsa e vã felicidade na opinião que os outros possam ter de suas luzes: eis a ignorância que louvei e que peço ao Céu como punição pelo escândalo que causei aos doutos, por meu desprezo declarado pelas ciências humanas.

Comparem-se, diz o autor, *a esses tempos de ignorância e de barbárie estes séculos felizes em que as ciências espalharam por toda parte o espírito de ordem e de justiça*. São difíceis de achar esses séculos felizes; mas os encontramos mais facilmente onde, graças às ciências, ordem e justiça não são mais do que vãos nomes feitos para se impor ao povo e cuja aparência é conservada com cuidado, para mais impunemente destruí-las na realidade. *Vemos hoje guerras menos frequentes, mas mais justas;* qualquer que seja o tempo, como pode a guerra ser mais justa num dos partidos, sem ser mais injusta no outro? Não consigo conceber isto! *Atos menos espantosos, mas mais heroicos*. Ninguém, é claro, negará ao meu adversário o direito de emitir juízos sobre o heroísmo; mas julga ele que o que não é espantoso para ele não o é também para nós? *Vitórias menos sangrentas, mas mais gloriosas; conquistas menos rápidas, mas mais certas; guerreiros menos violentos, mas mais temidos; que sabem vencer com moderação e tratar os vencidos com humanidade; para eles, a honra é o guia e a glória, a recompensa*. Não nego ao autor que haja grandes homens entre nós, seria para ele muito fácil prová-lo; o que não impede que os povos sejam muito corruptos. Estas coisas, aliás, são tão vagas, que se poderiam dizer praticamente de qualquer época; é impossível responder a elas, porque seria preciso folhear bibliotecas e escrever in-fólios para estabelecer provas contra ou a favor.

Quando Sócrates maltratou as ciências, não podia, acho eu, ter em vista nem o orgulho dos estoicos, nem a languidez dos epicuristas, nem o absurdo jargão dos pirrônicos, porque nenhuma daquela gente existia no seu tempo. Mas tal ligeiro anacronismo não cai mal em meu adversário: ele empregou melhor a vida do que em verificar datas e não tem mais a obrigação de saber de cor o seu Diógenes Laércio, do que eu de ter visto de perto o que se passa nos combates.

Admito, portanto, que a preocupação de Sócrates tenha sido assinalar os vícios dos filósofos do seu tempo: mas não sei o que concluir daí, senão que já naquela época pululavam os vícios entre os filósofos. A isto me respondem que se trata do abuso da filosofia, e não julgo ter dito o contrário. Como! Será preciso, então, suprimir todas as coisas de que se abusa? Sim, sem dúvida, respondo eu sem titubear: todas aquelas que são inúteis; todas aquelas cujo abuso faz mais mal do que o uso faz bem.

Detenhamo-nos, por um instante, nesta última consequência e evitemos concluir daí que devamos hoje pôr fogo em todas as bibliotecas e destruir as universidades e as academias. Com isso só tornaríamos a mergulhar a Europa na barbárie, e os costumes nada ganhariam[13]. É com dor que vou pronunciar uma grande e fatal verdade. Do saber à ignorância é só um passo; e a alternância de um para outro é frequente entre as nações; mas jamais vimos um povo que, uma vez corrompido, tenha voltado à virtude. Em vão pretenderíeis destruir a fonte do mal; em vão suprimiríeis os alimentos da vaidade, da ociosidade e do luxo; em vão, até, reconduziríeis os homens a esta primeira igualdade, conservadora da inocência e fonte de toda virtude: uma vez corrompidos, os corações assim permanecerão para sempre; não há mais remédio, a menos que haja uma grande revolução, quase tão temível quanto o mal que poderia curar e que é repreensível desejar e impossível prever.

Deixemos, pois, as ciências e as artes amenizarem, de certa forma, a ferocidade dos homens que corromperam; tratemos de operar uma sábia diversão e de iludir as paixões deles. Ofereçamos algum repasto a esses tigres, para que não devorem nossas crianças. As luzes do homem mau são ainda menos de temer que a sua brutal estupidez; elas o tornam, pelo menos, mais circunspecto em relação ao mal que poderia fazer, pelo conhecimento do mal que ele mesmo receberia com isso.

Louvei as academias e seus ilustres fundadores, e repetirei com prazer tal elogio. Quando o mal é incurável, o médico aplica paliativos e proporciona os remédios menos às necessidades do que ao temperamento do enfermo. Cabe aos legisladores sábios imitar a sua prudência; e, não podendo mais apropriar aos povos doentes a mais excelente organização, dar-lhes pelo menos, como Sólon, a melhor que eles possam comportar.

---

[13] *Ficaríamos com os vícios*, diz o filósofo que já citei, *e teríamos a ignorância a mais*. Nas poucas linhas que este autor escreveu sobre este grande assunto, vimos que ele voltou os olhos para estes lados e viu longe.

Há na Europa um grande príncipe e, o que é bem mais, um virtuoso cidadão, que na pátria por ele adotada e que ele torna feliz acaba de constituir várias instituições em prol das letras. Fez com isso algo muito digno da sua sabedoria e da sua virtude. Quando se trata de estabelecimentos políticos, o tempo e o lugar tudo decidem. Por seus próprios interesses, é preciso que os príncipes sempre favoreçam as ciências e as artes; já disse a razão disso: e no estado presente das coisas, é preciso também que eles as favoreçam hoje pelo interesse mesmo dos povos. Se houvesse atualmente entre nós algum monarca limitado o bastante para pensar e agir diferentemente, seus súditos permaneceriam pobres e ignorantes, sem deixarem de ser viciosos. O meu adversário negligenciou tirar vantagem de um exemplo tão impressionante e tão favorável, aparentemente, à sua causa; talvez seja o único que o ignore ou a ideia não lhe tenha ocorrido. Suporte, pois, que lho tragam à memória; não recuse às grandes coisas o elogio que lhes é devido; admire-as como nós e não se exaspere tanto contra as verdades que ataca.

Discurso sobre a origem e os fundamentos da desigualdade entre os homens

*Non in depravatis sed in
his quae bene secundum naturam se habent,
considerandum est quid sit naturale.*[1]

ARISTÓTELES, POL. I. 5.

---

[1] "Não entre os depravados, mas entre os que se portam bem segundo a natureza devemos considerar o que seja natural" (NT).

À República de Genebra

**Magníficos, honradíssimos e
soberanos Senhores,**

Convicto de caber só ao cidadão virtuoso prestar à pátria honras que ela possa aceitar, há trinta anos venho trabalhando para merecer oferecer-vos uma homenagem pública; e suprindo em parte esta feliz ocasião o que meus esforços não conseguiram fazer, julguei que me seria permitido consultar aqui o zelo que me anima, mais do que o direito que deveria autorizar-me. Tendo a felicidade de nascer entre vós, como poderia eu meditar sobre a desigualdade que a natureza pôs entre os homens e sobre a desigualdade por eles instituída, sem pensar na profunda sabedoria com a qual uma e outra, felizmente combinadas neste Estado, concorrem da maneira mais favorável à sociedade e mais próxima da lei natural, à conservação da ordem pública e à felicidade dos particulares? Ao buscar as melhores máximas que o bom senso possa ditar sobre a constituição de um governo, fiquei tão impressionado em vê-las todas em execução no vosso, que mesmo se não tivesse nascido entre os vossos muros, eu teria crido não poder dispensar-me de oferecer este quadro da sociedade humana àquele dentre todos os povos que me parece possuir as suas maiores vantagens e ter melhor prevenido os seus abusos.

Se houvesse tido de escolher o lugar do meu nascimento, teria escolhido uma sociedade de uma grandeza limitada pela extensão das faculdades humanas, ou seja, pela possibilidade de ser bem governada e onde, bastando cada qual ao seu emprego, ninguém fosse obrigado a cometer a outros as funções de que estivesse encarregado: um Estado onde, como todos os particulares se conhecessem uns aos outros, nem as manobras obscuras do vício, nem a modéstia da virtude não teriam podido furtar-se aos olhares e ao julgamento do público, e onde este doce hábito de se ver e de se conhecer transformasse o amor da pátria no amor dos cidadãos, mais do que no da terra.

Teria escolhido nascer num país em que o soberano e o povo não pudessem ter senão um único e mesmo interesse, para que todos os movimentos da máquina não tendessem jamais senão à felicidade comum; e como isto não se pode fazer senão quando o povo e o soberano sejam uma mesma pessoa, segue-se que teria escolhido nascer sob um governo democrático, sabiamente moderado.

Teria escolhido viver e morrer livre, ou seja, tão submisso às leis, que nem eu nem ninguém pudesse sacudir o seu honroso jugo; este jugo salutar e doce, que as cabeças dos mais altivos suportam tão docilmente, por não terem sido criadas para suportar nenhum outro.

Teria, pois, escolhido que ninguém no Estado pudesse declarar-se acima da lei e que ninguém de fora pudesse impor leis que o Estado fosse obrigado a reconhecer. Pois seja qual for a constituição de um governo, se nele se achar um único homem que não esteja submetido à lei, todos os outros estarão necessariamente à mercê dele (a), e se houver um chefe nacional e um outro chefe estrangeiro, seja qual for a partilha de autoridade que eles façam, é impossível que um e outro sejam bem obedecidos e o Estado, bem governado.

Não teria querido habitar uma República instituída recentemente, por melhores que fossem as suas leis; temendo que, não convindo o governo, constituído, talvez, de modo diferente do necessário no momento, aos novos cidadãos ou os cidadãos ao novo governo, o Estado estivesse sujeito a ser enfraquecido e destruído quase desde o nascimento. Pois ocorre com a liberdade o mesmo que com esses alimentos sólidos e suculentos ou com esses vinhos generosos, próprios para nutrir e fortalecer os temperamentos robustos que estão habituados a eles e que, porém, oprimem, arruínam e embriagam os fracos e os delicados que não estão acostumados a eles. Uma vez acostumados a ter senhores, os povos não conseguem mais dispensá-los. Se tentam sacudir o jugo, distanciam-se ainda mais da liberdade, pois tomando por ela uma licença desenfreada que lhe é oposta, suas revoluções entregam-nos quase sempre a sedutores que só lhes tornam mais pesados os grilhões. O mesmo povo romano, este modelo de todos os povos livres, não conseguiu governar-se ao sair da opressão dos Tarquínios. Aviltado pela escravidão e pelos trabalhos ignominiosos que lhe haviam imposto, não passava no começo de uma estúpida ralé, que era preciso administrar e governar com a maior sabedoria, para que, acostumando-se aos pouco a respirar o ar salutar da liberdade, estas almas debilitadas ou antes embrutecidas sob a tirania adquirissem aos poucos essa severidade de costumes e essa altivez de coragem que o transformaram, por fim, no mais respeitável de todos os povos. Teria, portanto, procurado como minha pátria uma feliz e tranquila república cuja antiguidade se perdesse, por assim dizer, na noite dos tempos; que não tivesse experimentado senão golpes capazes de manifestar e fortalecer em seus habitantes a coragem e o amor da pátria, e em que os cidadãos, acostumados há muito a uma sábia independência, fossem, não só livres, mas dignos de sê-lo.

Teria escolhido uma pátria afastada por uma feliz incapacidade do feroz amor das conquistas e garantida, por uma posição ainda mais feliz, do temor de ser ela mesma conquistada por outro Estado: uma cidade livre, situada entre diversos povos, nenhum dos quais interessado em invadi-la, uma república, em suma, que não fosse tentada pela ambição dos vizinhos e pudesse razoavelmente contar com o socorro deles, se necessário. Segue-se daí que numa posição tão feliz ela não teria tido nada que temer a não ser a si mesma, e que se esses cidadãos se tivessem exercitado nas armas, teria sido mais para entreter entre eles esse ardor guerreiro e essa altivez de coragem que cai tão bem na liberdade e que alimenta o gosto por ela, do que pela necessidade de prover à sua própria defesa.

Teria procurado um país onde o direito de legislação fosse comum a todos os cidadãos; pois quem pode saber melhor do que eles sob que condições lhes convém viver juntos numa mesma sociedade? Mas não teria aprovado plebiscitos semelhantes aos dos romanos, em que os chefes de Estado e os mais interessados na conservação dele eram excluídos de deliberações de que muitas vezes dependia a sua salvação e em que, por uma absurda inconsequência, os magistrados eram privados dos direitos de que gozavam os meros cidadãos.

Eu teria, ao contrário, desejado que para deter os projetos interesseiros e mal concebidos e as inovações perigosas que por fim perderam os atenienses, cada qual não tivesse o poder de propor novas leis a seu bel-prazer; que tal direito pertencesse apenas aos magistrados; que até eles dele se valessem com tanta circunspeção, que o povo, por seu lado, fosse tão reservado em dar seu consentimento a essas leis e que a promulgação delas só pudesse ser feita com tanta solenidade, que antes que a constituição fosse abalada tivessem tempo para se convencer de que é sobretudo a grande antiguidade das leis que as torna santas e veneráveis, que o povo logo despreza as que vê mudarem todos os dias e que ao se acostumarem a negligenciar os velhos costumes, sob pretexto de fazer melhor, não raro se introduzem grandes males para corrigir outros menores.

Teria evitado acima de tudo, como necessariamente mal governada, uma república onde o povo, crendo poder dispensar os magistrados ou deixar a eles apenas uma autoridade precária, tivesse imprudentemente conservado a administração dos negócios civis e a execução das suas próprias leis; assim deve ter sido a grosseira constituição dos primeiros governantes, imediatamente depois de saírem do estado de natureza, e este foi também um dos vícios que perderam a república de Atenas.

Mas teria escolhido aquela em que os particulares, contentando-se em sancionar as leis e em decidir todos juntos e com base no relatório dos chefes os mais importantes casos públicos, estabelecessem tribunais respeitados, distinguissem com cuidado os diversos departamentos; elegessem de ano em ano os mais capazes e os mais íntegros de seus concidadãos para administrar a justiça e governar o Estado; e em que, dando assim testemunho a virtude dos magistrados da sabedoria do povo, se honrassem uma à outra mutuamente. De modo que se algum dia viessem funestos mal-entendidos a perturbar a concórdia pública, estes tempos mesmos de cegueira e de erros fossem marcados por testemunhos de moderação, de estima recíproca e de comum respeito às leis; presságios e garantias de uma reconciliação sincera e perpétua.

Tais são, MAGNÍFICOS, HONRADÍSSIMOS E SOBERANOS SENHORES, as vantagens que teria buscado na pátria por mim escolhida. Pois se a providência tivesse acrescentado a isto uma situação encantadora, um clima temperado, uma campo fértil e o aspecto mais delicioso que existe sob o céu, não teria desejado para completar a minha felicidade senão gozar de todos estes bens no seio desta pátria feliz, vivendo tranquilamente numa doce sociedade com os meus concidadãos, exercendo para com eles, e a exemplo deles, a humanidade, a amizade e todas as virtudes e deixando após mim a honrosa memória de um homem de bem e de um honesto e virtuoso patriota.

Se, menos feliz ou tendo tarde demais adquirido a sabedoria, eu me visse reduzido a terminar em outros climas uma infirme e langorosa carreira, lamentando inutilmente o repouso e a paz de que uma juventude imprudente me haveria privado; eu teria pelo menos nutrido em minha alma estes mesmos sentimentos de que não teria podido fazer uso em meu país e, imbuído de um afeto terno e desinteressado por meus concidadãos distantes, eu lhes teria dirigido do fundo do coração mais ou menos o seguinte discurso.

Meus caros concidadãos, ou melhor, meus irmãos, pois os laços de sangue, bem como as leis, nos unem quase todos, é doce para mim poder pensar em vós, sem pensar ao mesmo tempo em todos os bens de que gozais e cujo preço talvez nenhum de vós sentis como eu, que os perdi. Quanto mais reflito sobre a vossa situação política e civil, e menos posso imaginar que a natureza das coisas humanas possa comportar outra melhor. Em todos os outros governos, quando se trata de assegurar o maior bem do Estado, tudo se limita sempre a projetos ideais e, no máximo, a simples possibilidades. No vosso caso, a felicidade é completa, basta dela gozar, e não precisais, para tornar-vos perfeitamente felizes, senão saber contentar-vos em sê-lo. A soberania, adquirida ou recuperada na ponta da espada e conservada durante dois séculos graças ao valor e à sabedoria, é, enfim, plena e universalmente reconhecida. Honrosos tratados definem os vossos limites, garantem os vossos direitos e asseguram o vosso repouso. É excelente a vossa constituição, ditada pela mais sublime razão e garantida por potências amigas e respeitáveis; o vosso Estado é tranquilo, não tendes nem guerras, nem conquistadores que temer; não tendes outros senhores do que as sábias leis que fizestes, administradas por magistrados íntegros que são de vossa escolha; não sois nem ricos o bastante para vos enfraquecer pela indolência e perder em vãs delícias o gosto pela verdadeira felicidade e pelas sólidas virtudes, nem pobres o bastante para precisardes de mais auxílios estrangeiros do que os proporcionados por vossa indústria; e a conservação desta liberdade preciosa, que nas grandes nações só se mantém com impostos exorbitantes, não vos custa quase nada.

Possa durar para sempre, para felicidade dos cidadãos e exemplo dos povos, uma república tão sábia e felizmente constituída! Este é o único voto que nos resta fazer e o único cuidado que nos resta tomar. Cabe agora só a vós, não fazer a vossa felicidade, os vossos antepassados vos pouparam esse trabalho, mas torná-la duradoura pela sabedoria ao bem usá-la. De vossa união perpétua, de vossa obediência às leis; de vosso respeito pelos ministros depende a vossa conservação. Se resta entre vós o menor germe de acrimônia ou de desconfiança, apressai-vos em destruí-lo como um fermento funesto, do qual resultariam, mais cedo ou mais tarde, as vossas desgraças e a ruína do Estado. Conjuro-vos a debruçar-vos sobre o fundo do coração e consultar a voz secreta da consciência. Conhece no universo alguém dentre vós um corpo mais íntegro, mais esclarecido, mais respeitável do que o da vossa magistratura? Não vos dão todos os seus membros exemplo de moderação, de simplicidade dos costumes, de respeito pelas leis e da mais sincera reconciliação: dedicai, pois, sem reserva a tão sábios chefes essa salutar confiança que a razão deve à virtude; considerai que foram escolhidos por vós, que justificam tal escolha e que as honras devidas àqueles que haveis constituído em dignidade recaem necessariamente sobre vós mesmos. Nenhum de vós é pouco esclarecido o bastante para ignorar que onde cessam o vigor das leis e a autoridade de seus defensores, não pode haver nem segurança, nem liberdade para ninguém. De que se trata, pois, entre vós senão de fazer de bom grado e com justa confiança o que seríeis de qualquer modo obrigados a fazer por um autêntico interesse, por dever e em favor da razão? Não vos faça jamais uma culpada e funesta indiferença pela manutenção da constituição negligenciar, se preciso, os sábios conselhos dos mais esclarecidos e dos mais zelosos dentre vós. Mas continuem a equidade, a moderação, a mais respeitosa firmeza a regrar todas as vossas ações e a mostrar em vós, a todo o universo, o exemplo de um povo altivo e modesto, tão ciumento de sua glória quanto de sua liberdade. Evitai sobretudo, e este será o meu último conselho, escutar jamais interpretações sinistras e discursos envenenados, cujos motivos secretos são não raro mais perigosos do que os atos que dele são objeto. Toda a casa desperta e se põe em alerta aos primeiros gritos de um bom e fiel guardião que jamais late senão à aproximação de ladrões; mas é odiosa a importunidade desses animais barulhentos, que perturbam sem cessar o repouso público e cujas advertência contínuas e descabidas sequer se fazem ouvir no momento em que são necessárias.

E vós, MAGNÍFICOS E HONRADÍSSIMOS SENHORES; vós, dignos e respeitáveis magistrados de um povo livre; permiti-me oferecer-vos em particular as minhas homenagens e os meus respeitos. Se há no mundo uma condição capaz de ilustrar aqueles que a ocupam é, sem dúvida, aquela dada pelos talentos e pela virtude, aquela de que vos tornastes dignosw e à qual os vossos concidadãos vos elevaram. O mérito próprio deles também dá novo brilho ao vosso e, escolhidos por homens capazes de governar a outros para governar a eles mesmos, vejo-vos tão acima dos outros magistrados, quanto um povo livre, e sobretudo o que tendes a honra de conduzir, está, pelas luzes e pela razão, acima da ralé dos outros Estados.

Seja-me permitido citar um exemplo de que deveriam permanecer melhores vestígios e que sempre estará presente no meu coração. Nunca evoco sem a mais doce comoção a memória do virtuoso cidadão de quem recebi a vida e que muitas vezes nutriu a minha infância com o respeito que vos era devido. Vejo-o ainda vivendo do trabalho de suas mãos e alimentando a alma com as verdades mais sublimes. Vejo Tácito, Plutarco e Grócio misturados diante dele com os instrumentos de seu ofício. Vejo ao seu lado um filho querido, que recebe com muito pouco proveito as ternas instruções do melhor dos pais. Mas se os desvios de uma louca juventude me fizeram olvidar durante certo tempo tão sábias lições, tenho a felicidade de sentir enfim que, seja qual for a nossa inclinação para o vício, é difícil que uma educação em que entra o coração permaneça perdida para sempre.

Tais são, MAGNÍFICOS E HONRADÍSSIMOS SENHORES, os cidadãos e até mesmo os simples habitantes nascidos no Estado que governais, tais são esses homens instruídos e sensatos sobre os quais, com o nome de operários e de povo, têm as outras nações ideias tão rasteiras e tão falsas. Confesso com alegria que o meu pai não se sobressaia dentre os concidadãos; não era senão o que são todos e, tal como era, não há país em que a sua companhia não teria sido procurada, cultivada, com proveito até, pelas mais distintas pessoas. Não me cabe, e graças ao Céu, não é necessário falar-vos da consideração que podem esperar de vós homem desta têmpera, vossos iguais pela educação e pelos direitos da natureza e do nascimento; vossos inferiores pela vontade, pela preferência que deviam ao vosso mérito, que eles lhe concederam, e pela qual lhes deveis, por vossa vez, uma espécie de reconhecimento. Sei, com viva satisfação, de quanta doçura e condescendência temperais com eles a gravidade adequada aos ministros das leis, quanto lhes retribuis em estima e em atenções a obediência e os respeitos que eles vos devem; conduta cheia de justiça e de sabedoria, própria para distanciar cada vez mais a memória dos eventos infelizes que cumpre esquecer para não revê-los jamais; conduta ainda mais judiciosa porque esse povo equitativo e generoso transforma o dever em prazer, ama naturalmente honrar-vos, e os mais ardentes em defender seus direitos são os mais inclinados a respeitar os vossos.

Não é de admirar que os chefes de uma sociedade civil amem a glória e a felicidade dela, mas é demais para o repouso dos homens que aqueles que se consideram os magistrados, ou melhor, os senhores de uma pátria mais santa e mais sublime demonstrem certo amor pela pátria terrestre que os alimenta. Como é bom poder fazer em nosso favor uma exceção tão rara e colocar entre os nossos melhores cidadãos esses zelosos depositários dos dogmas sagrados autorizados pelas leis, esses veneráveis pastores das almas, cuja eloquência viva e doce leva ainda melhor aos corações as máximas do Evangelho por serem sempre eles mesmos os primeiros a praticá-las! Todos sabem com que brilho a grande arte da cátedra é cultivada em Genebra; acostumados demais, porém, a vos dizer uma coisa e fazer outra, pouca gente sabe até que ponto o espírito do cristianismo, a santidade dos costumes, a severidade para consigo mesmo e a mansidão para com os outros reinam entre os nossos ministros. Talvez caiba apenas à cidade de Genebra dar o exemplo edificante de uma tão perfeita união entre uma sociedade de teólogos e de literatos. Fundo em grande parte nas suas reconhecidas sabedoria e moderação, em seu zelo pela prosperidade do Estado a esperança da sua eterna tranquilidade; e observo com um prazer mesclado de espanto e de respeito o quanto eles têm horror pelas medonhas máximas desses homens sagrados e bárbaros de que a História fornece mais de um exemplo e que, para defenderem os pretensos direitos de Deus, ou seja, os seus próprios interesses, eram ainda menos avaros do sangue humano por se vangloriarem de que o deles seria sempre respeitado.

Poderia eu me esquecer desta preciosa metade da república que faz a felicidade da outra e cuja doçura e sabedoria nela mantém a paz e os bons costumes? Amáveis e virtuosas cidadãs, a sorte de vosso sexo será sempre governar o nosso. Felizes de nós, quando o vosso casto poder, exercido apenas na união conjugal, só se faz sentir para a glória de Estado e para a felicidade pública. Assim é que as mulheres comandavam em Esparta e assim é que vós mereceis comandar em Genebra. Que homem bárbaro poderia resistir à voz da honra e da razão na boca de uma esposa carinhosa; e quem não desprezaria o vão luxo, ao ver vosso simples e modesto trajar, que pelo brilho que recebe de vós parece ser o mais favorável à beleza? Cabe a vós manter sempre por vosso amável e inocente império e por vosso espírito insinuante o amor das leis no Estado e a concórdia entre os cidadãos: reunir por felizes casamentos as famílias divididas; e sobretudo corrigir pela persuasiva doçura das vossas lições e pelas graças modestas da vossa conversação os defeitos que os nossos jovens vão adquirir em outros países, de onde, em lugar de tantas coisas úteis de que poderiam aproveitar-se, eles só relatam, com um tom pueril e um jeito ridículo adquirido entre as mulheres perdidas, a admiração de não sei quais pretensas grandezas, frívolas compensações da servidão, que jamais valerão a augusta liberdade. Sede, pois, sempre o que sois, as castas guardiãs dos costumes e os doces laços da paz, e continuai a fazer valer em todas as ocasiões os direitos do coração e da natureza em proveito do dever e da virtude.

Gabo-me de não ser desmentido pelos acontecimentos, ao fundamentar em tais garantias a esperança da felicidade comum dos cidadãos e da glória da república. Confesso que com todas estas vantagens, ela não brilhará com aquele fulgor com que a maioria dos olhos se deslumbram e cujo pueril e funesto gosto é o mais mortal inimigo da felicidade e da liberdade. Vá a juventude dissoluta buscar alhures os prazeres fáceis e os longos arrependimentos. Admirem as pretensas pessoas de bom gosto em outros lugares a grandeza dos palácios, a beleza das equipagens, os mobiliários soberbos, a pompa dos espetáculos e todos os refinamentos da indolência e do luxo. Em Genebra, só se encontrarão homens, mas tal espetáculo tem lá o seu valor, e os que o buscarem valerão os admiradores do resto.

Dignai-vos, MAGNÍFICOS, HONRADÍSSIMOS E SOBERANOS SENHORES, receber todos vós, com a mesma bondade, os testemunhos respeitosos do interesse que tenho por vossa prosperidade comum. Se eu tivesse a desgraça de cometer algum arroubo indiscreto nesta viva efusão do meu coração, suplico-vos que perdoais a terna afeição de um verdadeiro patriota e o zelo ardente e legítimo de um homem que não vê para si mesmo maior felicidade do que a de vos ver felizes.

Sou, com o mais profundo respeito,
MAGNÍFICOS, HONRADÍSSIMOS E SOBRENOS SENHORES,
vosso humílimo e obedientíssimo servo e concidadão.

Em Chambéry, 12 de junho de 1754.
Jean-Jacques Rousseau

Prefácio

O mais útil e o menos avançado de todos os conhecimentos humanos parece-me ser o do homem (b) e ouso dizer que a inscrição do templo de Delfos continha sozinha um preceito mais importante e mais difícil do que todos os grossos livros dos moralistas. Assim, considero o assunto deste Discurso uma das questões mais interessantes que a filosofia possa propor, e infelizmente para nós, uma das mais espinhosas que os filósofos possam resolver. Pois como conhecer a fonte da desigualdade entre os homens, se não começarmos por conhecê-los a eles mesmos? E como viria o homem a se ver tal como o formou a natureza, através de todas as mudanças que a sucessão dos tempos e das coisas pode ter produzido em sua constituição original e a desemaranhar o que deve a seus próprios recursos daquilo que as circunstâncias e os seus progressos acrescentaram ao seu estado primitivo ou nele mudaram? Semelhante à estátua de Glauco, que o tempo, o mar e as intempéries haviam desfigurado de tal maneira, que se parecia menos com um deus do que com uma besta feroz, a alma humana, alterada no seio da sociedade por mil causas que renascem sem cessar, pela aquisição de um sem-número de conhecimentos e de erros, pelas mudanças ocorridas na constituição do corpo e pelo choque contínuo das paixões, mudou, por assim dizer, de aparência a ponto de ficar quase irreconhecível; e, em vez de um ser que age sempre por princípios certos e invariáveis, em vez dessa celeste e majestosa simplicidade com que o seu Autor o marcara, nele não mais reencontramos senão o disforme contraste da paixão que crê raciocinar e do entendimento em delírio.

O que há de ainda mais cruel é que, como todos os progressos da espécie humana a afastam sem cessar do seu estado primitivo, quanto mais acumulamos novos conhecimentos, mais perdemos os meios de adquirir o mais importante de todos e que, em certo sentido, de tanto estudarmos o homem perdemos a condição de conhecê-lo.

É fácil ver que nestas mudanças sucessivas da constituição humana é que devemos procurar a primeira origem das diferenças que distinguem os homens, os quais, como geralmente se admite, são naturalmente tão iguais entre si como o eram os animais de cada espécie, antes que diversas causas físicas tivessem introduzido nalgumas delas as variedades que observamos. Com efeito, não é concebível que estas primeiras mudanças, seja qual for o meio pela qual aconteceram, tenham alterado ao mesmo tempo e da mesma maneira todos os indivíduos da espécie; mas como uns se aperfeiçoaram ou deterioraram e adquiriram diversas qualidades boas ou más que não eram inerentes à sua natureza, os outros permaneceram por mais tempo em seu estado original; e esta foi entre os homens a primeira fonte da desigualdade, que é mais fácil demonstrar assim em geral do que indicar com precisão as suas verdadeiras causas.

Não imaginem, pois, os meus leitores que eu ouse gabar-me de ter visto o que me parece tão difícil de ver. Comecei alguns raciocínios; arrisquei algumas conjeturas, menos na esperança de resolver a questão do que com a intenção de esclarecê-la e de reduzi-la a seu verdadeiro estado. Outros poderão facilmente ir mais longe no mesmo caminho, sem que seja fácil para ninguém chegar ao termo. Pois não é trivial desenredar o que há de originário e de artificial na natureza atual do homem, e bem conhecer um estado que não mais existe, que talvez não tenha existido, que provavelmente não existirá jamais e sobre o qual, porém, é necessário ter noções justas, para bem avaliarmos o nosso estado presente. Seria preciso até mais filosofia do que se imagina para aquele que procurasse determinar exatamente as precauções a tomar para fazer sobre este assunto sólidas observações; e uma boa solução do problema seguinte não me parece indigna dos Aristóteles e dos Plínios do nosso século. *Que experiências seriam necessárias para chegar a conhecer o homem natural, e quais são os meios de fazer tais experiências no seio da sociedade?* Longe de tentar resolver este problema, creio ter meditado o bastante sobre o assunto para ousar responder de antemão que os maiores filósofos não serão suficientes para dirigirem estas experiências, nem os mais poderosos soberanos para executá-las; concurso que não é muito razoável esperar, sobretudo com a perseverança, ou melhor, a sucessão de luzes e de boa vontade necessária de uma parte e de outra para chegar a bom termo.

Estas pesquisas, tão difíceis de fazer e nas quais tão pouco se pensou até agora, são, porém, os únicos meios que nos restam para levantar uma multidão de dificuldades que nos impedem o conhecimento dos fundamentos reais da sociedade humana. Tal ignorância da natureza do homem é que lança tanta incerteza e obscuridade na verdadeira definição do direito natural: pois a ideia do direito, diz o Sr. Burlamaqui, e mais ainda a do direito natural são manifestamente ideias relativas à natureza do homem. Portanto, desta natureza mesma do homem, prossegue ele, da sua constituição e do seu estado é que devemos deduzir os princípios desta ciência.

Não sem surpresa nem sem escândalo observamos o pouco acordo que reina sobre esta importante questão entre os diversos autores que dela trataram. Entre os escritores mais sérios, mal encontramos dois que tenham o mesmo parecer sobre este ponto. Sem falar dos filósofos antigos, que parecem ter feito questão de se contradizer entre si sobre os princípios mais fundamentais, os juristas romanos submetem o homem e todos os outros animais à mesma lei natural, pois consideram sob este nome antes a lei que a natureza impõe a si mesma do que a que prescreve; ou melhor, por causa da acepção particular segundo a qual tais juristas entendem a palavra lei, que eles parecem não ter tomado nesta ocasião senão como a expressão das relações gerais estabelecidas pela natureza entre todos os seres animados, para a comum conservação deles. Como não reconhecem os modernos sob o nome de lei senão uma regra prescrita a um ser moral, isto é, inteligente, livre e considerado em suas relações com outros seres, limitam consequentemente ao único animal dotado de razão, ou seja, ao homem, a competência da lei natural; definindo, porém, esta lei à sua maneira, estabelecem-na todos sobre princípios tão metafísicos, que há, mesmo entre nós, muito pouca gente em condições de compreender esses princípios, longe de poder encontrá-los por si mesmos. Assim, todas as definições destes homens doutos, aliás em perpétua contradição entre elas, concordam apenas nisto: que é impossível entender a lei natural e, por conseguinte, obedecer a ela, sem ser um brilhante raciocinador e um profundo metafísico. O que significa precisamente que os homens tiveram de valer-se, para o estabelecimento da sociedade, de luzes que só se desenvolvem com muito esforço e para muito pouca gente no seio da mesma sociedade.

Conhecendo tão pouco a natureza e concordando tão pouco acerca sobre o sentido da palavra *lei*, seria muito difícil convir numa boa definição de lei natural. Assim, todas aquelas que encontramos nos livros, além do defeito de não serem uniformes, têm ainda o de serem tiradas de diversos conhecimentos que o homem não tem naturalmente e de vantagens cuja ideia só podem conceber depois de terem saído do estado de natureza.Começam buscando as regras nas quais, para a utilidade comum, seria conveniente que os homens conviessem entre si; e depois dão o nome de lei natural à coleção destas regras, sem outra prova do que o bem que acham que resultaria de sua prática universal. Eis aí, com certeza, um jeito muito cômodo de compor definições e de explicar a natureza das coisas por meio de conveniências quase arbitrárias.

Enquanto, porém, não conhecermos o homem natural, em vão nos esforçaremos para determinar a lei que ele recebeu ou a que melhor convém à sua constituição. Tudo o que podemos ver mui claramente acerca desta lei é que, não só, para que ela seja lei, é preciso que a vontade daquele que ela obriga possa a ela submeter-se com conhecimento de causa, mas que ainda é preciso, para que seja natural, que ela fale imediatamente pela voz da natureza.

Abandonando, pois, todos os livros eruditos, que só nos ensinam a ver os homens tais como se fizeram a si mesmos, e meditando sobre as primeiras e mais simples operações da alma humana, creio ali discernir dois princípios anteriores à razão, um dos quais interessa ardentemente ao nosso bem-estar e à conservação de nós mesmos, e o outro nos inspira uma repugnância natural em ver perecer ou sofrer todo ser sensível e sobretudo os nossos semelhantes. Do concurso e da combinação que o nosso espírito passa a poder fazer destes dois princípios, sem que seja necessário introduzir o da sociabilidade, parecem-me decorrer todas as regras do direito natural; regras estas que a razão é, em seguida, forçada a restabelecer sobre outros fundamentos, quando, por seus desenvolvimentos sucessivos, acaba por sufocar a natureza.

Assim, não somos obrigados a transformar o homem num filósofo antes de fazermos dele um homem; os seus deveres para com os outros não lhe são ditados unicamente pelas tardias lições da sabedoria; e enquanto não resistir ao impulso interior da comiseração, jamais fará o mal a outro homem, nem sequer a nenhum ser sensível, salvo no caso legítimo em que, vendo-se implicada a própria conservação, seja obrigado a dar preferência a si mesmo. Por este meio, pomos um ponto final nas velhas disputas acerca da participação dos animais na lei natural. Pois é claro que, desprovidos de luzes e de liberdade, eles não podem reconhecer tal lei; mas estando em alguma coisa ligados à nossa natureza pela sensibilidade de que são dotados, julgaremos que eles devem também participar do direito natural, e que o homem está submetido, em relação a eles, a certa espécie de deveres. Parece, com efeito, que se sou obrigado a não fazer nenhum mal ao meu semelhante, é menos porque ele é um ser razoável do que por ser um ser sensível; qualidade que, sendo comum ao animal e ao homem, deve pelo menos dar a um o direito de não ser maltratado inutilmente pelo outro.

Este mesmo estudo do homem original, de suas verdadeiras necessidades e dos princípios fundamentais dos seus deveres é também o único meio válido de que possamos valer-nos para resolvermos essa multidão de dificuldades que se apresentam sobre a origem da desigualdade moral, sobre os verdadeiros fundamentos do corpo político, sobre os direitos recíprocos dos seus membros e sobre mil outras questões semelhantes, tão importantes como mal esclarecidas.

Observando a sociedade humana com olhar tranquilo e desinteressado, ela parece inicialmente só mostrar a violência dos homens poderosos e a opressão dos fracos; o espírito revolta-se contra a dureza de uns; somos levados a deplorar a cegueira dos outros, e como nada é menos estável entre os homens do que essas relações externas que o acaso produz com maior frequência do que a sabedoria e que chamamos de fraqueza ou poder, riqueza ou pobreza, os estabelecimentos humanos parecem, à primeira vista, fundados em bancos de areia movediça; só examinando-os de perto, só depois de ter varrido a poeira e a areia que cercam o edifício, percebemos a base inabalável sobre a qual ele se ergue e aprendemos a respeitar as suas fundações. Ora, sem o estudo sério do homem, das suas faculdades naturais e dos seus desenvolvimentos sucessivos, jamais conseguiremos fazer estas distinções e separar na atual constituição das coisas o que foi feito pela vontade divina do que a arte humana pretendeu fazer. As pesquisas políticas e morais ensejadas pela importante questão que examino são, portanto, úteis de todas as maneiras, e a história hipotética dos governos é para o homem uma lição instrutiva sob todos os aspectos. Considerando o que seria de nós, abandonados a nós mesmos, devemos aprender a abençoar Aquele cuja mão benévola, corrigindo as nossas nstituições e dando-lhes um fundamento inabalável, preveniu as desordens que daí deveriam resultar, e fez nascer a nossa felicidade dos meios que pareciam tornar completa a nossa miséria.

> Quem te Deus esse Jussit,
> et humana qua parte locatus es in re, Disce[1].

___
[1] "Aprende o que Deus te ordenou ser e qual é o teu lugar nas coisas humanas" (Pérsio, *Sátiras*, III, 71-73). (NT)

QUESTÃO
PROPOSTA PELA ACADEMIA DE DIJON

QUAL É A ORIGEM DA DESIGUALDADE ENTRE OS HOMENS E SE ELA É AUTORIZADA PELA LEI NATURAL.

Advertência
Sobre as notas

Acrescentei algumas notas a este trabalho, segundo o meu preguiçoso costume de trabalhar muito intermitentemente. Afastam-se o bastante estas notas, às vezes, do assunto para não serem boas de se ler com o texto. Remeti-as, pois, ao fim do Discurso, no qual tratei de seguir o melhor que pude o caminho reto. Os que tiverem a coragem de recomeçar poderão divertir-se uma segunda vez aprofundando as buscas e tentando percorrer as notas; não há nenhum mal em que os outros não as leiam de modo algum.

Discurso sobre a origem e os fundamentos da desigualdade entre os homens

É do homem que devo falar, e a questão que examino me ensina que vou falar a homens, pois não se propõem semelhantes questões quando se teme honrar a verdade. Defenderei, pois, com confiança a causa da humanidade ante os sábios que a tanto me convidam, e não ficarei descontente comigo mesmo se me tornar digno do tema e dos meus juízes.

Concebo na espécie humana dois tipos de desigualdades; uma, que chamo natural ou física, porque é estabelecida pela natureza, e que consiste na diferença das idades, da saúde, das forças do corpo e das qualidades do espírito ou da alma; a outra, que podemos chamar desigualdade moral ou política, porque depende de uma espécie de convenção e é estabelecida ou pelo menos autorizada pelo consentimento dos homens. Esta consiste nos diversos privilégios de que alguns gozam em prejuízo dos demais, como serem mais ricos, mais honrados, mais poderosos do que eles, ou até fazer-se obedecer por eles.

Não podemos perguntar qual é a fonte da desigualdade natural, porque a resposta se veria enunciada na mera definição da palavra. Podemos ainda examinar se não haveria nenhuma ligação essencial entre as duas desigualdades; pois isto seria perguntar, em outros termos, se os que comandam valem necessariamente mais do que os que obedecem, e se a força do corpo ou do espírito, a sabedoria ou a virtude, sempre se encontram nos mesmos indivíduos, proporcionalmente ao poder ou à riqueza: questão boa, talvez, de se propor entre escravos na presença de seus senhores, mas que não convém a homens razoáveis e livres, que buscam a verdade.

De que se trata, então, precisamente neste Discurso? De assinalar no progresso das coisas o momento em que, sucedendo o direito à violência, a natureza humana foi submetida à lei; de explicar por que cadeia de prodígios o forte pôde decidir-se a servir o fraco, e o povo a comprar um repouso hipotético, ao preço de uma felicidade real.

Os filósofos que examinaram os fundamentos da sociedade sentiram todos a necessidade de regredir até o estado de natureza, mas nenhum deles foi bem-sucedido. Uns não hesitaram em supor no homem deste estado a noção do justo e do injusto, sem preocupar-se em mostrar que ele tivesse tal noção, nem sequer se ela lhe fosse útil. Outros falaram do direito natural que cada qual tem de conservar o que lhe pertence, sem explicarem o que entendiam por pertencer; outros, dando primeiro ao mais forte a autoridade sobre o mais fraco, logo fizeram nascer o governo, sem considerar o tempo transcorrido antes que o sentido das palavras autoridade e governo pudesse existir entre os homens. Todos, enfim, falando sem cessar de carências, de avidez, de opressão, de desejos e de orgulho, transportaram ao estado de natureza ideias que haviam tomado na sociedade. Falavam do homem selvagem e pintavam o homem civil. Sequer ocorreu à maior parte dos filósofos duvidar de que o estado de natureza tivesse existido, quando é evidente, pela leitura dos Livros Sagrados, que o primeiro homem, tendo recebido imediatamente de Deus luzes e preceitos, não estava ele mesmo nesse estado e que, dando aos escritos de Moisés a fé que lhes deve todo filósofo cristão, cumpre negar que, mesmo antes do dilúvio, os homens um dia tenham se achado no puro estado de natureza, a menos que nele tenham tornado a cair por algum acontecimento extraordinário. Paradoxo muito embaraçoso de se defender e totalmente impossível de se provar.

Comecemos, pois, descartando todos os fatos, pois eles não são pertinentes à questão. Não se devem tomar as pesquisas nas quais podemos entrar sobre este assunto como verdades históricas, mas apenas como raciocínios hipotéticos e condicionais; mais próprios a esclarecer a natureza das coisas do que a mostrar a verdadeira origem delas, e semelhantes aos que fazem todos os dias os nossos físicos acerca da formação do mundo. Ordena-nos a religião crer que, tendo o mesmo Deus tirado os homens do estado de natureza, imediatamente depois da criação, eles são desiguais porque Ele quis que o fossem; ela, porém, não nos proíbe de tecer conjeturas tiradas da simples natureza do homem e dos seres que o rodeiam, sobre o que teria podido tornar-se o gênero humano se tivesse permanecido abandonado a si mesmo. Eis o que me perguntam e o que me proponho examinar neste Discurso. Como meu tema interessa ao homem em geral, tratarei de usar uma linguagem que convenha a todas as nações, ou antes, esquecendo-me dos tempos e dos lugares, para só ter em mente os homens a quem falo, supor-me-ei no liceu de Atenas, repetindo as lições dos meus mestres, tendo Platões e Xenócrates como juízes e o gênero humano como auditório.

Ó homem, de qualquer país que sejas, sejam quais forem as tuas opiniões, escuta. Eis aqui a tua história, tal como acreditei lê-la, não nos livros dos teus semelhantes, que são mentirosos, mas na natureza, que jamais mente. Tudo o que dela for será verdadeiro. Só será falso o que de meu terei misturado, sem querer. Os tempos de que vou falar são muito remotos. Quanto mudaste do que eras! Por assim dizer, o que descreverei é a vida da tua espécie, segundo as qualidades que recebeste, que a tua educação e os teus hábitos puderam depravar, mas não puderam destruir. Sinto que há uma idade na qual o homem individual gostaria de se deter; tu buscarás a idade na qual desejarias que a tua espécie se tivesse detido. Descontente com teu estado presente, por algumas razões que anunciam à tua infeliz posteridade descontentamentos ainda maiores, talvez gostarias de regredir; e este sentimento deve fazer o elogio dos teus primeiros avós, a crítica dos teus contemporâneos e o terror dos que terão a infelicidade de viver depois de ti.

Primeira parte

P or mais importante que seja, para bem avaliar o estado natural do homem, considerá-lo desde a origem e examiná-lo, por assim dizer, no primeiro embrião da espécie; não seguirei a sua organização através de seus sucessivos desenvolvimentos. Não me deterei em buscar no sistema animal o que ele pode ter sido no começo, para tornar-se enfim o que é; não examinarei se, como pensa Aristóteles, as suas unhas alongadas não foram inicialmente garras encurvadas; se não era peludo como um urso e se, caminhando sobre quatro patas (c), o seu olhar voltado para o chão, e limitado a um horizonte de alguns passos, não marcava ao mesmo tempo o caráter e os limites das suas ideias. Não poderia formar a este respeito senão conjeturas vagas e quase imaginárias. A anatomia comparada fez ainda muito poucos progressos, as observações dos naturalistas são ainda muito incertas para que possamos estabelecer sobre tais fundamentos a base de um raciocínio sólido; assim, sem recorrer aos conhecimentos naturais que temos sobre este ponto e sem considerar as mudanças que devem ter ocorrido na conformação tanto interior quanto exterior do homem, à medida que ele aplicava os seus membros em novos usos e se nutria de novos alimentos, eu o suporei constituído desde sempre como o vejo hoje, caminhando sobre dois pés, servindo-se das mãos como nos servimos das nossas, dirigindo o olhar para toda a natureza e medindo com os olhos a vasta extensão do céu.

Despojando tal ser, assim conformado, de todos os dons sobrenaturais que pôde receber e de todas as faculdades artificiais que só pode ter adquirido por longos progressos, considerando-o, em suma, tal como deve ter saído das mãos da natureza, vejo um animal menos forte do que uns, menos ágil do que outros, mas, tudo bem considerado, com uma organização mais vantajosa do que todos. Vejo-o matando a fome sob um carvalho, a sede no primeiro riacho, encontrando seu leito ao pé da mesma árvore que lhe forneceu a refeição, e eis satisfeitas as suas necessidades.

A terra, abandonada à sua fertilidade natural (d) e coberta de florestas imensas que o machado jamais mutilou, oferece a cada passo armazéns e abrigos aos animais de toda espécie. Os homens, dispersos entre eles, observam, imitam sua indústria e se elevam assim até o instinto dos animais, com a vantagem de que cada espécie só tem o seu próprio, e o homem, não tendo, talvez, nenhum que lhe pertença, se apropria de todos eles, se alimenta igualmente da maioria dos alimentos diversos (e) que os outros animais dividem entre si e encontra, portanto, o seu sustento com mais facilidade do que qualquer um deles.

Acostumados desde a infância com as intempéries do ar e com o rigor das estações, exercitados na fadiga e forçados a defender nus e sem armas a vida e a presa contra os outros animais ferozes, ou a deles fugir correndo, os homens adquirem uma compleição robusta e quase inalterável. Trazendo ao mundo a excelente constituição dos pais e fortalecendo-a pelos mesmos exercícios que a produziram, as crianças adquirem assim todo o vigor de que é capaz a espécie humana. A natureza comporta-se para com eles precisamente como a lei de Esparta para com os filhos dos cidadãos; torna fortes e robustos os que são bem constituídos e faz perecer todos os demais; diferente nisto das nossas sociedades, onde o Estado, tornando os filhos onerosos aos pais, os mata indistintamente antes de nascerem.

Sendo o corpo do homem selvagem o único instrumento por ele conhecido, vale-se dele para diferentes usos, para os quais, por falta de exercício, os nossos são incapazes, e é a nosa indústria que nos tira a força e a agilidade que a necessidade o obriga a adquirir. Se tivesse um machado, romperia seu punho tão fortes ramos? Se tivesse uma funda, lançaria tão vigorosamente com a mão uma pedra? Se tivesse uma escada, subiria com tanta ligeireza na árvore? Se tivesse um cavalo, seria veloz na corrida? Dai ao homem civilizado o tempo de reunir todas as suas máquinas ao seu redor, não há dúvida de que ele superará facilmente o homem selvagem; mas se quisedes um combate ainda mais desigual, colocai-os nus e desarmados cara a cara um com o outro, e logo reconhecereis qual é a vantagem de ter continuamente as suas forças à disposição, de estar sempre pronto para o que der e vier e de se trazer, por assim dizer, sempre inteiro consigo mesmo (f).

Pretende Hobbes que o homem seja naturalmente intrépido e busque sempre atacar e combater. Um filósofo ilustre pensa o contrário, e Cumberland e Pufendorf também o asseguram, que nada é tão tímido quanto o homem no estado de natureza e que ele está sempre trêmulo e pronto para fugir ao ouvir o menor ruído, ao perceber o menor movimento. Isto pode acontecer com os objetos que ele não conhece, e não tenho dúvidas de que se apavore com todos os novos espetáculos que a ele se oferecem, todas as vezes que não pode distinguir o bem e o mal físicos que deve deles esperar, nem comparar as suas próprias forças com os perigos que deve correr; circunstâncias raras no estado de natureza, onde todas as coisas caminham de maneira tão uniforme e onde a face da terra não está sujeita e estas mudanças bruscas e contínuas que nela causam as paixões e a inconstância dos povos reunidos. Mas como o homem selvagem vive disperso entre os animais e cedo se vê obrigado a medir-se com eles, logo faz a comparação entre eles e sentindo que os supera mais em habilidade do que eles o superam em força, aprende a não mais temê-los. Colocai um urso ou um lobo às voltas com um selvagem robusto; ágil, corajoso como todos o são, armado de pedras e de um bom bastão, vereis que o perigo será pelo menos recíproco e que depois de muitas experiências parecidas, os animais ferozes, que não gostam de se atacar uns aos outros, não atacarão de muito bom grado o homem, que terão reconhecido como tão feroz quanto eles. Com relação aos animais que têm realmente mais força do que ele, habilidade, está em relação a eles no caso das outras espécies mais fracas, que nem por isso deixam de subsistir; com a vantagem para o homem de que, não menos dispostos do que eles à corrida e encontrando sobre as árvores um refúgio quase certo, ele tem em toda a parte a opção, no encontro, de pegar ou largar e a escolha da fuga ou do combate. Acrescentemos a isto que não parece que nenhum animal trave naturalmente guerra contra o homem, exceto nos casos de defesa própria ou de fome extrema, nem demonstre contra ele essas violentas antipatias que parecem anunciar que uma espécie esteja destinada pela natureza a servir de refeição à outra.

    Outros inimigos mais temíveis e dos quais o homem não tem os mesmos meios de se defender são as infirmidades naturais, a infância, a velhice e as doenças de toda espécie; tristes sinais da nossa fraqueza, de que os dois primeiros são comuns a todos os animais e o último pertence principalmente ao homem que vive em sociedade. Observo até, com relação à infância, que a mãe, levando para toda parte o filho consigo, tem muito mais facilidade de alimentá-lo do que as fêmeas de muitos animais, que são forçadas a ir e vir sem cessar, com muita fadiga, de um lado para buscar alimento, de outro para aleitar ou nutrir os filhotes. É verdade que se a mulher vem a morrer, o filho corre um sério risco de morrer também; este perigo, porém, é comum a cem outras espécies, cujos filhotes não estão durante muito tempo em condições de buscar eles mesmos o próprio alimento; e se a infância é mais longa entre nós, sendo também a vida mais longa, tudo está mais ou menos em pé de igualdade quanto a isto (g), embora haja sobre a duração da primeira idade e sobre o número de filhotes outras regras (h) que fogem ao meu assunto. Entre os idosos, que agem e transpiram pouco, a necessidade de alimentos diminui com a faculdade de provê-los; e como a vida selvagem deles afasta a gota e os reumatismos e a velhice é de todos os males o que o socorro humano menos pode aliviar, eles se extinguem, enfim, sem que se perceba que eles cessam de existir e quase sem eles mesmo se darem conta disso.

Quanto às enfermidades, não repetirei as vãs e falsas declamações que faz contra a medicina a maior parte das pessoas saudáveis; mas perguntarei se há alguma observação sólida da qual possamos concluir que nos países onde esta arte é menos negligenciada a vida média do homem seja mais curta do que naqueles em que é cultivada com mais esmero; e como poderia ser assim, se nos inflingimos mais males do que a medicina pode fornecer-nos remédios! A extrema desigualdade na maneira de viver, o excesso de ócio nuns, o excesso de trabalho noutros, a facilidade de excitar e de satisfazer os nossos apetites e a nossa sensualidade, os alimentos excessivamente sofisticados dos ricos, que os nutrem de sucos que causam irritação e os afligem de indigestões, a má alimentação dos pobres, de que o mais das vezes carecem e cuja falta os leva a sobrecarregarem avidamente o estômago quando possível, as vigílias, os excessos de toda espécie, os arroubos imoderados de todas as paixões, as fadigas e a exaustão mental, os dissabores e as dores sem número que sentimos em todas as condições e corróem perpetuamente as almas. Eis as funestas garantias de que a maioria dos nossos males são nossa própria obra e que os teríamos evitado quase todos se conservássemos o modo de vida simples, uniforme e solitário que nos era prescrito pela natureza. Se ela nos destinou a sermos sãos, ouso quase assegurar que o estado de reflexão seja um estado contra a natureza e que o homem que medita é um animal depravado.Quando refletimos sobre a boa constuituição dos selvagens, pelo menos dos que não corrompemos com as nossas bebidas fortes, quando sabemos que quase não conhecem outras doenças senão os ferimentos e a velhice, somos levados a crer que seria fácil fazer a história das doenças humanas seguindo a das sociedades civis. Este é, pelo menos, o parecer de Platão, que julga, com base em certos remédios usados ou aprovados por Podalírio e Macáon no sítio de Troia, que diversas doenças que tais remédios deviam excitar ainda não eram conhecidas dos homens naquela época.

Com tão poucas fontes de males, o homem no estado de natureza quase não tem, portanto, necessidade de remédios e menos ainda de médicos; sob este aspecto, a espécie humana tampouco está em pior condição do que todas as outras e é fácil saber dos caçadores se em suas excursões se deparam com muitos animais doentes. Encontram muitos que receberam ferimentos consideráveis, muito bem cicatrizados, que tiveram ossos e até membros quebrados e recuperados sem outro cirurgião do que o tempo, sem outro regime do que a sua vida ordinária, e que não deixaram de sarar perfeitamente por não terem sido atormentados com incisões, envenenados com drogas, nem extenuados com jejuns. Enfim, por mais útil que possa ser entre nós a medicina bem administrada, é certo que se o selvagem enfermo, abandonado a si mesmo, nada tem a esperar senão da natureza, em compensação nada tem a temer senão de seu mal, o que muitas vezes torna a sua situação preferível à nossa.

Evitemos, pois, confundir o homem selvagem com os homens que temos ao nosso redor. Trata a natureza todos os animais abandonados aos seus cuidados com uma predileção que parece mostrar o quanto ela é ciumenta deste direito. O cavalo, o gato, o touro, até o asno, têm em sua maioria um porte mais alto, todos uma constituição mais robusta, mais vigor, força e coragem nas florestas do que em nossas casas; perdem a metade destas vantagens ao se domesticarem, e dir-se-ia que todos os nossos cuidados em bem tratar e alimentar estes animais só conseguem abastardá-los. O mesmo acontece com o homem: ao tornar-se sociável e escravo, torna-se fraco, temeroso, rastejante, e seu modo de vida indolente e efeminado acaba de debilitar ao mesmo tempo a sua força e a sua coragem. Some-se a isto que entre as condições selvagem e doméstica a diferença de homem para homem deve ser ainda maior do que a de animal para animal; pois como o animal e o homem foram tratados igualmente pela natureza, todas as comodidades que o homem se oferece a mais do que o animal que domestica são outras tantas causas particulares que o fazem degenerar mais visivelmente.

Não são, portanto, uma tão grande desgraça para estes primeiros homens, nem sobretudo tão grande obstáculo à sua conservação a nudez, a falta de moradia e a privação de todas estas inutilidades que cremos tão necessárias. Se não têm a pele coberta de pelos, não têm nenhuma necessidade disso nos países quentes, e logo aprendem, nos países frios, a se apoderar da pele dos animais que venceram; se só têm dois pés para correr, têm dois braços para se proteger e prover às suas necessidades; seus filhos talvez caminhem tarde e com dificuldade, mas as mães os carregam com facilidade; vantagem que falta às outras espécies, em que a mãe, ao ser perseguida, se vê obrigada a abandonar os filhotes ou a regular os passos com os deles. Enfim, a menos que suponhamos estes concursos singulares e fortuitos de circunstâncias de que falarei em seguida e que podem muito bem jamais acontecer, é claro, de qualquer forma, que o primeiro que fez roupas e um abrigo para si mesmo obteve com isso coisas pouco necessárias, pois as havia dispensado até então, e não vemos por que ele não teria podido suportar, homem feito, um gênero de vida que suportava desde a infância.

Sozinho, ocioso e sempre próximo ao perigo, o homem selvagem deve gostar de dormir e ter o sono leve como os animais, que, pensando pouco, dormem, por assim dizer, todo o tempo em que não pensam. Constituindo a própria conservação quase a sua única preocupação, as suas faculdade mais exercitadas devem ser as que têm como objetivo principal o ataque e a defesa, quer para subjugar a presa, quer para se defender de ser a de outro animal: ao contrário, os órgãos que só se aperfeiçoam pela indolência e pela sensualidade devem permanecer em estado grosseiro, que exclui todo tipo de delicadeza; e como os seus sentidos se encontram divididos quanto a este ponto, terá o tato e o gosto extremamente rudes; a visão, a audição e o olfato muitíssimo sutis. Tal é o estado animal em geral e também, segundo o relato dos viajantes, o da maioria dos povos selvagens. Assim, não é de espantar que os hotentotes do cabo da Boa Esperança avistem a olho nu os navios em alto mar, de tão longe quanto os holandeses com lunetas, nem que os selvagens da América sintam os espanhóis pelo rastro, como fariam os melhores cães, nem que todas essas nações bárbaras suportem sem dificuldade a própria nudez, agucem o paladar com pimenta e tomem as bebidas alcoólicas europeias como se fossem água.

Só considerei até aqui o homem físico. Tratemos de observá-lo agora pelo lado metafísico e moral.

Não vejo em nenhum animal senão uma máquina engenhosa, a que a natureza deu sentidos para se recuperar a si mesma e para se defender, até certo ponto, contra tudo o que tende a destruí-la ou molestá-la. Vejo precisamente as mesmas coisas na máquina humana, com a diferença que a natureza faz tudo sozinha nas operações do animal, ao passo que o homem colabora nas suas, na qualidade de agente livre. Um escolhe ou rejeita por instinto e o outro, por um ato de liberdade; o que faz com que o animal não possa afastar-se da regra que lhe é prescrita, mesmo quando lhe seja vantajoso fazê-lo, e o homem dela se afaste com frequência para prejuízo próprio. Assim é que um pombo morreria de fome perto de uma bandeja cheia das melhores carnes, e um gato, sobre um monte de frutas ou de grãos, embora um e outro pudessem muito bem nutrir-se do alimento que desdenham, se lhe ocorresse tentá-lo. Assim é que os homens devassos se entregam a excessos que lhes causam a febre e a morte; porque o espírito deprava os sentidos e a vontade ainda fala quando a natureza se cala.

Todo animal tem ideias, pois tem sentidos, chega a combinar as ideias, até certo ponto, e sob este aspecto o homem só difere do animal do mais para o menos. Alguns filósofos até aventaram que haja mais diferença de tal homem a tal homem do que de tal homem a tal animal; não é, pois, tanto o entendimento que faz entre os animais a distinção específica do homem, quanto a sua qualidade de agente livre. A natureza comanda a todo animal, e ele obedece. O homem tem a mesma impressão, mas se reconhece livre para consentir ou resistir; e é sobretudo na consciência desta liberdade que se mostra a espiritualidade da sua alma: pois a física explica de certo modo o mecanismo dos sentidos e a formação das ideias; mas no poder de querer, ou melhor, de escolher e no sentimento desse poder só encontramos atos espirituais, sobre os quais nada se explica pelas leis da mecânica.

Mesmo, porém, que as dificuldades que cercam todas estas questões deixassem algum espaço para discussão sobre esta diferença entre o homem e o animal, há uma qualidade muito específica que os distingue, e sobre a qual não pode haver contestação: é a faculdade de aperfeiçoar-se; faculdade que, com a ajuda das circunstâncias, desenvolve sucessivamente todas as outras e reside entre nós tanto na espécie quanto no indivíduo, ao passo que um animal é, ao fim de alguns meses, o que será por toda a vida, e a sua espécie, ao fim de mil anos, o que era no primeiro destes mil anos. Por que só o homem está sujeito a se tornar imbecil? Não será porque assim ele retorna ao seu estado primitivo, e porque, enquanto o animal, que nada adquiriu e nada tem a perder, permanece sempre com o seu instinto, o homem, perdendo pela velhice ou outros acidentes tudo o que a sua *perfectibilidade* lhe fizera adquirir, cai mais baixo do que o mesmo animal? Seria triste para nós sermos forçados a convir que esta faculdade distintiva e quase ilimitada é a fonte de todas as desgraças do homem; que ela é que o tira, pelo tempo, dessa condição originária, na qual passaria dias tranquilos e inocentes; que ela é que, fazendo desabrochar com os séculos as suas luzes e os seus erros, os seus vícios e as suas virtudes, torna-o com o tempo o tirano de si mesmo e da natureza (i). Seria horrível sermos obrigados a louvar como um ser benévolo aquele que foi o primeiro a sugerir ao habitante das margens do Orenoco o uso desses pauzinhos que ele aplica sobre as têmporas dos filhos e lhes garante pelo menos parte da imbecilidade e da felicidade original.

Entregue pela natureza apenas ao instinto, ou melhor, talvez, compensado do que lhe falta por faculdades capazes primeiro de supri-lo e depois de o elevar muito acima dele, o homem começará, pois, pelas funções puramente animais (j); aperceber e sentir será o seu primeiro estado, que lhe será comum com todos os animais. Querer e não querer, desejar e temer serão as primeiras e quase as únicas operações da sua alma, até que novas circunstâncias nela provoquem novos desenvolvimentos.

Digam o que disserem os moralistas, o entendimento humano deve muitos às paixões que, segundo o consenso comum, também lhe devem muito: é pela atividade delas que a nossa razão se aperfeiçoa; não procuramos conhecer senão porque desejamos fruir, e não é possível conceber por que aquele que não tivesse nem desejos, nem temores se daria ao trabalho de raciocinar. As paixões, por sua vez, têm origem nas nossas necessidades, e o progresso delas, em nossos conhecimentos; pois só podemos desejar ou temer as coisas com base nas ideias que delas possamos ter, ou pelo simples impulso da natureza; e o homem selvagem, carente de toda sorte de luzes, só tem as paixões deste último tipo, seus desejos não ultrapassam as necessidades físicas (k); os únicos bens que conhece no universo são o alimento, uma fêmea e o repouso, os único males que teme são a dor e a fome; digo a dor e não a morte; pois jamais o animal saberá o que seja morrer, e o conhecimento da morte e dos seus terrores é uma das primeiras aquisições que o homem fez, ao se afastar da condição animal.

Seria fácil para mim apoiar, se precisasse, este sentimento com fatos e mostrar que em todas as nações do mundo, os progressos do espírito se proporcionaram precisamente às necessidades que os povos haviam recebido da natureza ou às quais as circunstâncias os haviam sujeitado e, por conseguinte, às paixões que os levavam a prover a tais necessidades. Mostraria no Egito as artes nascentes ampliando-se com os transbordamentos do Nilo; seguiria o seu progresso entre os gregos, onde as vimos germinar, crescer e se erguer até os céus entre as areias e os rochedos da Ática, sem poder arraigar-se nas margens férteis do Eurotas; observaria que em geral os povos do Norte são mais industriosos do que os do Sul, porque podem menos dispensar-se de sê-lo, como se a natureza quisesse assim igualar as coisas, dando aos espíritos a fertilidade que recusa à terra.

Sem, porém, recorrer aos testemunhos incertos da História, quem não vê que tudo parece afastar do homem selvagem a tentação e os meios de deixar de sê-lo? A imaginação não lhe pinta nada; o coração nada lhe pede. Encontram-se as suas módicas necessidades tão facilmente à mão, e ele está tão longe do grau de conhecimento necessário para desejar adquirir outros maiores, que não pode ter nem previdência, nem curiosidade. Torna-se-lhe indiferente o espetáculo da natureza, de tão familiar. É sempre a mesma ordem, sempre as mesmas revoluções: ele não tem inteligência para espantar-se com as maiores maravilhas, e não é junto a ele que devemos procurar a filosofia de que o homem precisa para saber observar uma vez o que viu todos os dias. A alma, que nada perturba, entrega-se unicamente ao sentimento da existência atual, sem nenhuma ideia do futuro, por mais próximo que possa ser, e os seus projetos, tão limitados como as suas ideias, só vão até o fim do dia. É este ainda hoje o grau de previdência do caraíba: vende de manhã o seu leito de algodão e vem chorar ao fim da tarde para resgatá-lo, por não ter previsto que precisaria dele a noite seguinte.

Quanto mais meditamos sobre este assunto, mais cresce a nossos olhos a distância das puras sensações aos mais simples conhecimentos; e é impossível conceber como um homem teria podido, por suas meras forças, sem o auxílio da comunicação e sem o incentivo da necessidade, superar tão grande intervalo. Quantos séculos quiçá transcorreram antes que os homens tenham adquirido condições de ver outro fogo do que o do céu? De quantos diferentes acasos não precisou para aprender os empregos mais comuns deste elemento? Quantas vezes não o terão deixado extinguir-se, antes de ter adquirido a arte de reproduzi-lo? E quantas vezes, talvez, cada um destes segredos não terá morrido com aquele que o descobrira? Que diremos da agricultura, arte que exige tanto trabalho e previdência; que está ligada a outras artes, com toda evidência só é praticável numa sociedade pelo menos incipiente e não nos serve tanto para tirar da terra alimentos que ela nos forneceria sem isso, do que para forçá-la às preferências que são mais do nosso gosto? Suponhamos, porém, que os homens se tivessem multiplicado tanto, que as produções naturais não mais bastassem para alimentá-lo; suposição que, diga-se de passagem, mostraria uma grande vantagem para a espécie humana nesse modo de vida; suponhamos que, sem forjas e sem oficinas, as feramentas da lavoura tivessem caído do céu entre as mãos dos selvagens; que tais homens tivessem vencido o ódio mortal que todos eles têm pelo trabalho contínuo; que tivessem aprendido a prever com muita antecedência as suas necessidades, que tivessem adivinhado como se deve cultivar a terra, semear os grãos e plantar as árvores; que tivessem descoberto a arte de moer o trigo e de fermentar a uva; tudo isso coisas que tiveram de aprender dos deuses, por não podermos conceber como as teriam aprendidos por si mesmos; qual seria, depois disto, o homem insensato o bastante para se esfalfar no cultivo de um campo que será pilhado pelo primeiro que aparecer, homem ou animal indiferentemente, e a que convir a messe; e como cada qual se decidiria a passar a vida entregue a um trabalho duro, cujo prêmio mais certeza terá de não recolher quanto mais necessário lhe for? Em suma, como poderia esta situação levar os homens a cultivarem a terra enquanto esta não fosse dividida entre eles, ou seja, enquanto o estado de natureza não fosse aniquilado?

Mesmo que quiséssemos supor um homem selvagem tão hábil na arte de pensar como supõem os nossos filósofos; mesmo que o transformássemos, a exemplo deles, num filósofo, descobrindo sozinho as mais sublimes verdades, forjando para si mesmo, por sequências de raciocínios muito abstratos, máximas de justiça e de razão tiradas do amor da ordem em geral ou da vontade conhecida de seu Criador: em suma, mesmo que supuséssemos em seu espírito tanta inteligência e tantas luzes que ele deve ter, quanta morosidade e estupidez de fato encontramos nele, que utilidade retiraria a espécie de toda essa metafísica que não poderia ser comunicada e pereceria com o indivíduo que a tivesse inventado? Que progresso poderia ter o gênero humano, espalhado pelos bosques entre os animais? E até que ponto poderiam aperfeiçoar-se e eslarecer-se mutuamente homens que, não tendo nem domicílio fixo nem nenhuma necessidade uns dos outros, mal se encontrariam talvez duas vezes na vida, sem se conhecerem e sem se falarem?

Consideremos quantas ideias devemor ao uso da fala; o quanto a gramática exercita e facilita as operações do espírito e pensemos nos trabalhos inconcebíveis e no tempo infinito que deve ter custado a primeira invenção das línguas; somem-se estas reflexões às anteriores e avaliaremos quantos milhares de séculos foram necessários para desenvolver sucessivamente no espírito humano as operações de que era capaz.

Seja-me permitido considerar, por um instante, as complicações da origem das línguas. Poderia contentar-me em citar ou em repetir aqui as pesquisas que o sr. padre de Condillac realizou acerca desta matéria e que, talvez, dela me deram a primeira ideia. Mostrando, porém, a maneira como esse filósofo resolve as dificuldades que ele mesmo se dá acerca da origem dos signos instituídos, que ele supôs o que questiono, a saber, uma espécie de sociedade já estabelecida entre os inventores da linguagem, creio, ao remeter às suas reflexões, dever acrescentar a elas as minhas, para expor as mesmas dificuldades sob a luz que convém ao meu assunto. A primeira que se apresenta é a de imaginar como puderam elas tornar-se necessárias; pois como os homem não tinham nenhuma correspondência entre si, nem precisavam tê-la, não concebemos nem a necessidade de tal invenção, nem a sua possibilidade, se não fosse indispensável. Eu diria, como muitos outros, que as línguas nasceram no comércio doméstico dos pais, das mães e dos filhos: mas além de não resolver as objeções, isto seria cometer o erro dos que, raciocinando sobre o estado de natureza, a ele transpõem as ideias tomadas na sociedade, veem sempre a família reunida na mesma habitação e os seus membros conservando entre si uma união tão íntima e tão permanente quanto entre nós, onde tantos interesses comuns os reúnem; ao passo que nesse estado primitivo, não tendo nem casa, nem cabanas, nem propriedade de nenhuma espécie, cada um se abrigava ao acaso e não raro por uma só noite; uniam-se os machos e as fêmeas fortuitamente, segundo os encontros, a ocasião e o desejo, sem que a palavra fosse um intérprete muito necessário das coisas que tinham para se dizer: eles se separavam com a mesma facilidade (j); a mãe primeiro amamentava os filhos por suas próprias necessidades; depois, como o hábito aumentava o seu afeto pelos filhos, em seguida ela os nutria pela necessidade deles; tão-logo adquiressem forças para buscar seu alimento, não tardavam a abandonar a mãe; e como quase não havia outro meio de se reencontrar senão não perdendo-se de vista, logo chegavam ao ponto de sequer se reconhecerem uns aos outros. Observai também que como a criança tinha de explicar todas as suas necessidades e, por conseguinte, mais coisas a dizer à mãe do que a mãe a ela, esta é que tinha de arcar com as maiores despesas da invenção, e que a língua por ela empregada deve ser em grande parte sua própria obra; o que multiplica as línguas por quantos indivíduos houver para falá-las, ao que contribui também a vida errante e vagabunda que não deixa a nenhuma idioma o tempo de ganhar consistência; pois dizer que a mãe dita ao filho as palavras de que ele deverá servir-se para lhe pedir esta ou aquela coisa é algo que mostra bem como se ensinam as línguas já formadas, mas não como se formam.

Suponhamos vencida esta primeira dificuldade: atravessemos por um momento o espaço imenso que deve encontrar-se entre o puro estado de natureza e a necessidade das línguas; e examinemos, supondo-as necessárias (m), como puderam começar a se estabelecer. Nova dificuldade, ainda pior do que a precedente; pois se os homens precisaram da palavra para aprender a pensar, tiveram ainda muito mais necessidade de saber pensar para encontrar a arte da palavra; e mesmo que compreendêssemos como os sons da voz foram tomados como os intérpretes convencionais das nossas ideias, ainda restaria saber quais puderam ser os intérpretes mesmos dessa convenção para as ideias que, não tendo objeto sensível, não podiam ser indicadas nem pelo gesto, nem pela voz, de modo que sequer podemos fazer conjeturas defensáveis acerca do nascimento desta arte de comunicar os pensamentos e de estabelecer um comércio entre os espíritos: arte sublime, que já está tão longe de sua origem, mas o filósofo vê ainda a uma tão prodigiosa distância da perfeição, que não há homem ousado o bastante para garantir que um dia a alcançaria, mesmo que as revoluções que o tempo traz fossem necessariamente suspensas em seu favor, que os preconceitos deixassem as academias ou se calassem diante delas e que elas pudessem ocupar-se desses objeto espinhoso durante séculos inteiros, sem interrupção.

A primeira linguagem do homem, a linguagem mais universal, a mais enérgica e a única de que ele precisou antes de ser necessário persuadir homens em assembleia, é o grito da natureza. Como tal grito só era provocado por uma espécie de instinto nas ocasiões prementes, para implorar por socorro nos grandes perigos ou alívio nos males violentos, não era de grande utilidade no curso ordinário da vida, onde predominam sentimentos mais moderados. Quando as ideias dos homens começaram a se difundir e a se multiplicar e se estabeleceu entre eles uma comunicação mais estreita, procuraram signos mais numerosos e uma linguagem mais ampla; multiplicaram as inflexões da voz e a ela somaram os gestos, que, por natureza, são mais expressivos e cujo sentido depende menos de uma determinação anterior. Exprimiam, pois, os objetos visíveis e móveis por gestos e os que impressionavam a audição, por sons imitativos: mas como o gesto quase só indica os objetos presentes ou fáceis de descrever e as ações visíveis; como não é de uso universal, pois a escuridão ou a interposição de um corpo o tornam inútil e como exige a atenção mais do que provoca, trataram, enfim, de substituí-lo pelas articulações da voz, que, sem ter a mesma relação com certas ideias, são mais próprios para representá-las todas, como signos instituídos; substituição que só pôde ser feita de comum acordo e de maneira bastante difícil de se praticar para os homens, cujos órgãos grosseiros não tinham ainda nenhum exercício, e mais difícl ainda de se conceber em si mesma, pois esse acordo unânime teve de ser motivado, e a palavra parece ter sido muito necessária para estabelecer o uso da palavra.

Devemos considerar que as primeiras palavras de que os homens se serviram tiveram em seu espírito um significado muito mais amplo do que as de que nos valemos nas línguas já formadas e que, ignorando a divisão do discurso em suas partes constitutivas, eles deram inicialmente a cada palavra o sentido de uma sentença inteira. Quando começaram a distinguir o sujeito do atributo e o verbo do nome, o que não foi um medíocre esforço de gênio, os substantivos não foram inicialmente senão nomes próprios, o infinitivo foi o único tempo dos verbos e, no que se refere aos adjetivos, a sua noção deve ter-se desenvolvido só com muita dificuldade, porque todo adjetivo é uma palavra abstrata, e as abstrações são operações difíceis e pouco naturais.

Cada objeto recebeu primeiro um nome particular, sem levar em consideração os gêneros e as espécies, que tais instituidores não estavam em condições de distinguir; e todos os indivíduos se apresentaram isolados a seu espírito, como estão no quadro da natureza. Se um carvalho se chamava A, outro carvalho se chamava B: assim, quanto mais limitados eram os conhecimentos, mais amplo se tornava o dicionário. A dificuldade de toda essa nomenclatura não pode ser resolvida muito facilmente: pois para classificar os seres sob denominações comuns e genéricas, era preciso conhecer as suas propriedades e as suas diferenças; eram necessárias observações e definições, ou seja, muito mais de história natural e de metafísica do que os homens daqueles tempos podiam ter.

As ideias gerais, aliás, só podem introduzir-se no espírito com a ajuda das palavras, e o entendimento só as apreende por sentenças. Esta é uma das razões pelas quais os animais não poderiam formar tais ideias, nem jamais adquir a perfectibilidade que delas depende. Quando um macaco vai sem hesitar de uma noz a outra, julgamos que ele tenha a ideia geral deste tipo de fruto e compare o seu arquétipo a esses indivíduos? Não, é claro; mas a vista de uma destas nozes traz à memória as sensações que recebeu de outra, e os seus olhos, modificados de certa maneira, anunciam ao paladar a modificação que ele vai receber. Toda ideia geral á puramente intelectual: por pouco que a imaginação se envolva, a ideia torna-se imediatamente particular. Tentai traçar para vós mesmos a imagem de uma árvore em geral e jamais o conseguireis, tereis contra a vontade de vê-la pequena ou grande, rala ou espessa, clara ou escura, e se dependesse de vós só ver nela o que se encontra em todas as árvores, tal imagem não mais se assemelharia a uma árvore. Os seres puramente abstratos se veem da mesma forma, ou só se concebem pelo discurso. Só a definição do triângulo vos dá a sua verdadeira ideia: tão-logo formais em vossa mente uma imagem dele, esse é um determinado triângulo e não outro, e não podeis evitar tornar as suas linhas sensíveis ou seu plano colorido. É preciso, pois, enunciar sentenças, é preciso, pois, falar para ter ideias gerais; pois assim que a imaginação se detém, o espírito só caminha com o auxílio do discurso. Se, portanto, os primeiros inventores só puderam dar nome às ideias que eles já tinham, segue-se daí que os primeiros substantivos jamais puderam ser senão nomes próprios.

Mas quando, por meios que não concebo, os nossos novos gramáticos começaram a ampliar as suas ideias e a generalizar as suas palavras, a ignorância dos inventores teve de sujeitar este método a limites muito estreitos; e como haviam inicialmente multiplicado demais os nomes dos indivíduos, por não conhecerem os gêneros e as espécies, fizeram em seguida demasiado poucas espécies e gêneros, por não terem considerado os seres por todas as suas diferenças. Para levar as divisões longe o bastante, teria sido preciso mais experiência e mais luzes do que eles podiam ter, e mais pesquisa e mais trabalho do que eles queriam dedicar a isso. Ora, se, mesmo hoje, descobrimos a cada dia novas espécies que haviam escapado até agora a todas as nossas observações, imaginem quantas deviam escapar a homens que só julgavam as coisas por seu primeiro aspecto! Quanto às classes primitivas e às noções mais gerais, é supérfluo acrescentar que elas também devem ter-lhes escapado: como, por exemplo, teriam eles imaginado ou entendido as palavras *matéria*, *espírito*, *substância*, *modo*, *figura*, *movimento*, já que os nossos filósofos, que delas se servem há tanto tempo, têm eles mesmos tanta dificuldade para entendê-las e, sendo puramente metafísicas as ideias que se aplicam a tais palavras, eles não encontravam nenhum modelo para elas na natureza?

Detenho-me nestes primeiros passos, e suplico aos meus juízes que suspendam aqui a leitura; para considerarem, acerca da invenção apenas dos substantivos físicos, ou seja, da parte da língua mais fácil de se encontrar, o caminho que lhe resta percorrer para exprimir todos os pensamentos dos homens, para assumir uma forma constante, poder ser falada em público e influir na sociedade. Suplico-lhes que reflitam sobre quanto tempo e quanto conhecimentos foram precisos para encontrar os números (n), as palavras abstratas, os aoristos e todos os tempos dos verbos, as partículas, a sintaxe, articular as sentenças, os raciocícios e formar toda a lógica do discurso. Quanto a mim, aterrorizado com as dificuldades que se multiplicam e convencido da impossibilidade quase demonstrada de que as línguas tenham podido nascer e se estabelecer por meios puramente humanos, deixo a quem quiser empreendê-la a discussão deste difícil problema: qual foi o mais necessário, a sociedade já constituída para a instituição das línguas, ou línguas já inventadas para o estabelecimento da sociedade.

Sejam quais forem tais origens, vemos pelo menos pelo pouco cuidado da natureza em aproximar os homens por necessidades mútuas, e em lhes facilitar o uso da palavra, o quão pouco ela preparou a sociabilidade deles e quão pouco de seu ela pôs em tudo o que eles fizeram para estabelecer os seus laços. Com efeito, é impossível imaginar por quê, neste estado primitivo, um homem precisaria mais de outro homem do que um macaco ou um lobo de seu semelhante, nem, suposta esta necessidade, que motivo poderia levar o outro a provê-la, nem sequer, neste último caso, como poderiam combinar entre si as condições. Sei que nos repetem sem cessar que nada teria sido tão miserável quanto o homem nesse estado; e se é verdade, como creio tê-lo provado, que ele só teria podido depois de muitos séculos ter o desejo e a ocasião de dele sair, esta seria uma acusação a ser feita à natureza, e não àquele que ela tivesse assim constituído. Mas se entendo bem o termo *miserável*, trata-se de uma palavra sem nenhum sentido, ou que só significa uma privação dolorosa e o sofrimento do corpo ou da alma. Ora, gostaria que me explicassem qual pode ser o gênero de miséria de um ser livre cujo coração está em paz e o corpo, saudável. Pergunto qual, a vida civil ou a natural, está mais sujeita a se tornar insuportável para aqueles que dela gozam? Praticamente só vemos ao nosso redor pessoas que se queixam da vida, muitas até que dela se privam assim que o podem, e a soma das leis divinas e humanas mal basta para deter essa desordem. Pergunto se alguma vez se ouviu falar que um selvagem em liberdade tenha pensado em se queixar da vida e em se suicidar? Julguemos, portanto, com menos orgulho de que lado está a verdadeira miséria. Nada, ao contrário, teria sido tão miserável quanto o homem selvagem, deslumbrado com as luzes, atormentado pelas paixões e raciocinando sobre um estado diferente do seu. Por uma providência muito sábia, as faculdades que ele tinha em potência só deviam desenvolver-se com as ocasiões de exercê-las, para que elas não lhe fossem nem supérfluas, nem onerosas antes da hora, nem tardias e inúteis quando se tornassem necessárias. Ele possuía no simples instinto tudo aquilo de que precisava para viver no estado de natureza, ele não tem numa razão cultivada senão aquilo de que precisa para viver em sociedade.

Parece, a princípio, que como os homens neste estado não têm entre si nenhum tipo de relação moral, nem de deveres comuns, não podiam ser nem bons, nem maus, e não tinham nem vícios, nem virtudes, a menos que, tomando estas palavras num sentido físico, chamemos de vícios no indivíduo as qualidades que podem prejudicar à sua própria conservação, e de virtudes as que lhe podem ser favoráveis; neste caso, deveríamos chamar de mais virtuoso aquele que menos resistisse aos simples impulsos da natureza. Sem, porém, nos afastarmos do sentido ordinário, cabe suspender o julgamento que poderíamos fazer sobre tal situação e desconfiarmos dos nossos preconceitos, até que, com a balança na mão, tenhamos examinado se há mais virtudes do que vícios entre os homens civilizados, ou se as virtudes deles são mais vantajosas do que os vícios são funestos, ou se o progresso de seus conhecimentos é compensação suficiente pelos males que se fazem mutuamente, à medida que se instruem sobre o bem que deveriam fazer uns aos outros, ou se não estariam, afinal de contas, numa situação mais feliz por não terem nem mal a temer, nem bem a esperar de ninguém, do que se estivessem sujeitos a uma dependência universal e obrigados a tudo receber daqueles que não se obrigam a nada lhes dar.

Não vamos, sobretudo, concluir com Hobbes que, por não ter nenhuma ideia da bondade, o homem seja naturalmente mau, seja vicioso por não conhecer a virtude, sempre recuse aos semelhantes serviços que não crê dever-lhes, nem que, em virtude do direito que, com razão, ele se atribui às coisas de que precisa, ele se imagine doidamente o único proprietário de todo o universo. Viu Hobbes muito bem o defeito de todas as definições modernas do direito natural: mas mostram as consequência que tira da sua que ele a toma num sentido não menos falso. Raciocinando com base nos princípios por ele estabelecidos, este autor devia dizer que, como o estado de natureza é aquele em que o cuidado de nossa conservação é menos prejudicial à dos outros, tal estado seria, por conseguinte, o mais próprio para a paz, o mais conveniente ao gênero humano. Diz ele exatamente o contrário, por ter feito equivocadamente entrar na preocupação com a conservação do homem selvagem a necessidade de satisfazer um sem-número de paixões que são obra da sociedade e tornaram necessárias as leis. O homem mau, diz ele, é uma criança robusta; resta saber se o homem selvagem é uma criança robusta. Mesmo que lho concedêssemos, que concluir daí? Que se, quando robusto, este homem é tão dependente dos outros como quando é fraco, não há nenhum tipo de excessos a que não se entregue, que ele surre a própria mãe quando ela demorar demais para lhe oferecer a teta, ele estrangule um dos irmãozinhos quando estes o incomodem, ele morda a perna do outro quando este o contrarie ou perturbe; são, porém, duas suposições contraditórias no estado de natureza ser robusto e dependente; o homem é fraco quando é dependente, é emancipado antes de ser robusto. Não viu Hobbes que a mesma causa que impede os selvagens de se valerem da razão, como pretendem os nossos jurisconsultos, os impede ao mesmo tempo de abusar de suas faculdades, como ele mesmo o pretende; assim, poderíamos dizer que os selvagens não são malvados precisamente por não saberem o que é serem bons; pois não é nem o desenvolvimento das luzes, nem o freio da lei, mas a calma das paixões e a ignorância do vício que os impedes de agir mal; *Tanto plus in illis proficit vitiorum ignoratio, quam in his cognitio virtutis*[1]. Há, ademais, um outro princípio de que Hobbes não se deu conta e que, tendo sido dado ao homem para abrandar, sob certas circunstâncias, a ferócia do seu amor próprio, ou o desejo de se conservar antes do nascimento desse amor (o), modera o ardor que ele tem por seu bem-estar, por uma repugnância inata de ver sofrer o seu semelhante. Não creio dever temer nenhuma contradição, ao conceder ao homem a única virtude natural que foi obrigado a reconhecer o mais exarcebado detrator das virtudes humanas. Falo da piedade, disposição adequada a seres tão débeis e sujeitos a tantos males como somos; virtude tanto mais universal e tanto mais útil ao homem por preceder nele o uso de toda reflexão, e tão natural que os mesmos animais dão dela, por vezes, sinais sensíveis. Sem falar da ternura das mães pelos filhos, e dos perigos que elas enfrentam para protegê-los, observamos todos os dias a repugnância que têm os cavalos de pisotear um corpo vivo; um animal não passa sem estremecer perto do cadáver de um animal da sua espécie; alguns há, até, que lhes dão uma espécie de sepultura; e os tristes mugidos do gado ao entrar no matadouro anunciam a impressão recebida do horrível espetáculo que o impressiona. Vemos com prazer o autor da *Fábula das Abelhas*[2], forçado a reconhecer no homem um ser compassivo e sensível, abandonar, no exemplo que dá, o seu estilo frio e sutil, para nos oferecer a patética imagem de um homem aprisionado que vê fora da cela uma besta feroz arrancando um filho do colo da mãe, quebrando com os dentes mortíferos seus frágeis membros e rasgando com as unhas as entranhas palpitantes da criança. Que medonha perturbação não sente essa testemunha de um acontecimento em que não tem nenhum interesse pessoal? Que angústias não sofre ao ver aquilo, por não poder prestar nenhum socorro à mãe desfalecida, nem à criança moribunda?

Tal é a pura reação da natureza, anterior a toda reflexão: tal é a força da piedade natural, que os costumes mais depravados ainda têm dificuldade em destruir, pois vemos todos os dias em nossos espetáculos enternecer-se e chorar ante as desgraças de um desafortunado aquele que, se estivesse no lugar do tirano, agravaria ainda

---

[1] "Foi àqueles muito mais proveitosa a ignorância dos vícios, do que a estes o conhecimento da virtude" (Justiniano, *História*, II, 2) (NT).

[2] Bernard de Mandeville (1670-1733), filósofo e escritor holandês de expressão inglesa, autor da sátira *The Fable of the Bees* (1714). (NT)

mais os tormentos do inimigo. Sentiu Mandeville que, com toda a sua moral, os homens jamais teriam passado de monstros, se a natureza não lhes tivesse dado a piedade em apoio à razão: mas não viu que desta simples qualidade decorrem todas as virtudes sociais que quer negar aos homens. Com efeito, que é a generosidade, a clemência, a humanidade, senão a piedade aplicada aos fracos, aos culpados ou à espécie humana em geral? Até a benevolência e a amizade são, no fundo, produções de uma piedade constante, concentrada num objeto particular: pois que é desejar que alguém não sofra, senão desejar que seja feliz? Mesmo que fosse verdade que a comiseração fosse apenas um sentimento que nos põe no lugar daquele que sofre, sentimento obscuro e vivo no homem selvagem, desenvolvido, mas fraco no homem civil, que importaria esta ideia à veracidade do que digo, senão dar-lhe ainda mais força? Com efeito, a comiseração será tanto mais enérgica quanto mais intimamente o animal espectador identificar-se com o animal que sofre. Ora, é evidente que esta identificação deve ter sido infinitamente mais estreita no estado de natureza do que no estado de raciocínio. A razão é que engendra o amor próprio, e a reflexão é que o fortifica; ela é que faz o homem debruçar-se sobre si mesmo; ela é que o separa de tudo o que o incomoda ou aflige: a filosofia é que o isola; por ela é que ele diz em segredo, ao ver um homem que sofre: morra se quiser, eu estou em segurança. Somente os perigos que ameaçam a sociedade inteira perturbam o sono tranquilo do filósofo e o arrancam da cama. Podemos impunemente degolar o seu semelhante sob a sua janela; basta-lhe pôr as mãos sobre as orelhas e argumentar um pouco consigo mesmo para impedir a natureza que nele se revolta de identificá-lo com aquele que assassinam. Não tem o homem selvagem este admirável talento; e na falta de sabedoria e de razão, vemo-lo sempre entregar-se irrefletidamente ao primeiro sentimento da humanidade. Nas sedições, nas brigas de rua, o populacho reúne-se, o homem prudente afasta-se: a ralé, as mulheres dos mercados é que separam os combatentes e impedem os homens de bem de se degolarem mutuamente.

É certo, pois, que a piedade é um sentimento natural, que, moderando em cada indivíduo a atividade do amor de si mesmo, contribui para a conservação mútua de toda a espécie.Ela é que nos leva sem reflexão a socorrer os que vemos sofrer: ela é que, no estado de natureza, faz as vezes das leis, dos costumes e da virtude, com a vantagem que ninguém é tentado a desobedecer sua doce voz: ela é que impedirá que todo selvagem robusto tire de uma débil criança ou de um velho doente o sustento adquirido com dificuldade, se ele mesmo espera encontrar o seu em outro lugar; ela é que, em vez desta máxima sublime de justiça arrazoada: *faz ao outro o que queres que te façam*, inspira a todos os homens esta outra máxima de bondade natural muito menos perfeita, mas talvez mais útil do que a anterior: *Faz o teu bem com o mínimo de mal possível para os outros*. Numa palavra, neste sentimento natural, mais do que em argumentos sutis, é que devemos procurar a causa da repugnância que todo homem sentiria em agir mal, mesmo independentemente das máximas da educação. Embora possa pertencer a Sócrates e aos espíritos de sua têmpera adquirir a virtude pela razão, há muito o gênero humanoa não mais existiria se a sua conservação tivesse dependido apenas dos raciocínios dos que o compõem.

Com paixões tão pouco ativas e um freio tão salutar, os homens, mais ferozes do que maus e mais atentos a se defenderem do mal que poderiam receber do que tentados a cometê-lo a outrem, não estavam sujeitos a contendas muito perigosas: uma vez que não tinham entre si nenhuma espécie de comércio, uma vez que não conheciam, por conseguinte, nem a vaidade, nem a consideração, nem a estima, nem o desprezo, uma vez que não tinham a menor ideia do teu e do meu, nem nenhuma verdadeira ideia da justiça, uma vez que consideravam as violências que poderiam sofrer como um mal fácil de reparar e não como uma injúria que deve ser punida, e uma vez que sequer sonhavam com a vingança, a não ser, talvez, maquinalmente e de imediato, como o cão que morde a pedra que lhe jogam, suas brigas raramente teriam consequências sangrentas, se não tivessem motivos mais sensíveis do que o alimento: mas vejo outro motivo mais perigoso, de que me resta falar.

Dentre as paixões que agitam o coração do homem, uma há, ardente e impetuosa, que torna um sexo necessário ao outro, paixão terrível que arrosta todos os perigos, derruba todos os obstáculos e, em seus furores, parece própria para destruir o gênero humano, que está destinada a conservar. Que será dos homens presa desta raiva desenfreada e brutal, sem pudor, sem compostura e disputando entre si a cada dia os seus amores à custa de sangue?

Cumpre convir, em primeiro lugar, que quanto mais violentas são as paixões, mais são necessárias as leis para contê-las: mas além de as desordens e os crimes por elas causados todos os dias entre nós mostrarem suficientemente a insuficiência das leis a este respeito, também seria bom examinar se tais desordens não nasceram com as mesmas leis; pois então, mesmo que estas fossem capazes de reprimi-las, o mínimo que se poderia exigir seria deterem um mal que não existiria sem elas.

Comecemos por distinguir do físico o moral no sentimento do amor. O físico é esse desejo geral que leva um sexo a se unir ao outro; o moral é o que determina este desejo e o concentra exclusivamente num único objeto, ou pelo menos lhe dá, quanto a este objeto preferido, um maior grau de energia. Ora, é fácil ver que o moral do amor é um sentimento artificial; nascido do uso da sociedade e celebrado pelas mulheres com muita habilidade e esmero para estabelecerem o seu império e tornar dominante o sexo que deveria obedecer. Fundando-se tal sentimento em certas noções do mérito ou da beleza que um selvagem não está em condições de ter, e em comparações que ele não está em condições de fazer, deve ser quase nulo para ele. Pois assim como o seu espírito não pôde formar ideias abstratas de regularidade e de proporção, seu coração tampouco é suscetível dos sentimentos de admiração e de amor que, mesmo sem nos dar conta, nascem da aplicação destas ideias; ele escuta unicamente o temperamento que recebeu da natureza, e não o gosto que não pôde adquirir, e toda mulher é boa para ele.

Limitados apenas ao físico do amor e muito felizes por ignorarem essas preferências que irritam o seu sentimento e aumentam as suas dificuldades, os homens devem sentir com menor frequência e menor vivacidade os ardores do temperamento e, por conseguinte, ter entre si disputas mais raras e menos cruéis. A imaginação, que tantos estragos faz entre nós, não fala a corações selvagens; cada qual atende tranquilamente o impulso da natureza, a ele se entrega sem escolha, com mais prazer do que furor e, uma vez satisfeita a necessidade, todo o desejo se extingue.

É, portanto, incontestável que o mesmo amor, assim como todas as outras paixões, só na sociedade adquiriu esse ardor impetuoso que tantas vezes o torna funesto aos homens, e é ainda mais ridículo representar os selvagens degolando-se uns aos outros sem cessar para satisfazerem a sua brutalidade, por ser tal opinião diretamente contrária à experiência e por serem os caraíbas, de todos os povos existentes, aquele que até agora menos se afastou do estado de natureza, justamente os mais tranquilos em seus amores e os menos sujeitos aos ciúmes, embora vivam sob um clima ardente que parece dar sempre a tais paixões maior atividade.

No que diz respeito às induções que poderíamos tirar, em numerosas espécies de animais, dos combates dos machos que sempre ensanguentam os nossos galinheiros ou fazem ecoar na primavera em nossas florestas seus gritos na disputa da fêmea, cumpre começar por excluir todas as espécies em que a natureza manifestamente estabeleceu na potência relativa dos sexos relações diferentes das nossas: assim, os combates de galos não permitem uma indução em relação à espécie humana. Nas espécies em que a proporção é melhor observada, tais combates só podem ter como causa a raridade das fêmeas em relação ao número de machos, ou os intervalos exclusivos durante os quais a fêmea recusa constantemente a abordagem do macho, o que remete à primeira causa; pois se cada fêma só suporta o macho dois meses por ano, é, sob este aspecto, como se o número de fêmas fosse menor em cinco sextos. Ora, nenhum dos dois casos é aplicável à espécie humana, em que o número de fêmeas geralmente supera o de machos e onde jamais se observou que, mesmo entre os selvagens, as fêmeas tenham, como as das outras espécies, períodos de calor e de exclusão. Além disto, entre muitos desses animais, entrando toda a espécie ao mesmo tempo em efervescência, chega um momento terível de ardor comum, de tumulto, de desordem e de combate: momento que não acontece na espécie humana, em que o amor não é nunca periódico. Não podemos, pois, concluir dos combates de certos animais pela posse das fêmeas que a mesma coisa acontecesse com o homem em estado de natureza; e mesmo que pudéssemos tirar esta conclusão, como tais dissensões não destróem as outras espécies, devemos pensar pelo menos que elas não seriam funestas à nossa, e é bem claro que elas provocariam ainda menos danos do que na sociedade, sobretudo nos países em que, sendo ainda os costumes valorizados, os ciúmes dos amantes e a vingança dos esposos causam a cada dia duelos, assassínios e coisas ainda piores; em que o dever de eterna fidelidade só serve para criar adúlteros e em que as leis mesmas da continência e da honra ampliam necessariamente a devassidão e multiplicam os abortos.

Concluamos que, errando pelas florestas sem indústria, sem palavra, sem domicílio, sem guerra e sem relações, sem nenhuma necessidade dos seus semelhantes e sem nenhum desejo de prejudicá-los, talvez até sem jamais reconhecer nenhum deles individualmente, o homem selvagem, sujeito a poucas paixões e bastando-se a si mesmo, só tinha as luzes e os sentimentos próprios deste estado, só sentia as suas verdadeiras necessidades, só olhava para o que cria ter interesse em ver e a sua inteligência não fazia mais progressos do que a sua vaidade. Se por acaso fizesse alguma descoberta, não podia comunicá-la, por não reconhecer os seus próprios filhos. A arte morria com o inventor; não havia nem educação, nem progresso, multiplicavam-se inutilmente as gerações; e partindo cada uma do mesmo ponto, passavam-se os séculos em toda a grosseria das primeiras idades, a espécie já era velha e o homem ainda permanecia criança.

Se me alonguei sobre a suposição desta condição primitiva, é porque, tendo que destruir antigos erros e preconceitos inveterados, acreditei ter de cavar até a raiz e mostrar no quadro do verdadeiro estado de natureza o quanto a desigualdade, mesmo natural, está longe de ter neste estado tanta realidade e influência quanto pretendem os nossos escritores.

Com efeito, é fácil ver que entre as diferenças que distinguem os homens, muitas passam por naturais quando são unicamente obra do hábito e dos diversos gêneros de vida que os homens adotam na sociedade. Assim, um temperamento robusto ou delicado, a força ou a fraqueza que dele dependem, muitas vezes vêm mais da maneira dura ou efeminada como se foi educado do que da constituição primitiva do corpo. O mesmo acontece com as forças do espírito, e a educação não só introduz uma diferençaa entre os espíritos cultos e os que não o são, como aumenta a que se encontra entre os primeiros, proporcionalemnte à cultura: pois quando um gigante e um anão caminham pela mesma estrada, cada passo que um e outro fizerem dará nova vantagem ao gigante. Ora, se compararmos a prodigiosa diversidade de educação e de modos de vida que reina nas diversas ordens do estado civil com a simplicidade e a uniformidade da vida animal e selvagem, onde todos se nutrem dos mesmos alimentos, vivem do mesmo jeito e fazem exatamente as mesmas coisas, compreenderemos o quanto a diferença de homem para homem deve ser menor no estado de natureza do que no de sociedade e o quanto a desigualdade natural deve aumentar na espécie humana pela desigualdade de instituição.

Mas mesmo que a natureza demonstrasse na distribuição dos dons tantas preferências como se pretende, que vantagem os mais favorecidos tirariam daí, em prejuízo dos demais, num estado de coisas que praticamente não admitiria nenhum tipo de relação entre eles? Onde não existe o amor, de que serviria a beleza? De que serve a inteligência para pessoas que não falam, e a astúcia para os que não fazem negócios? Ouço repetirem sempre que os mais fortes oprimirão os fracos; mas me expliquem o que querem dizer com a palavra opressão. Uns dominarão com violência, os outros gemerão, sujeitos a todos os caprichos dos primeiros: eis exatamente o que observo entre nós, mas não vejo como se poderia dizer isto dos homens selvagens, a quem teríamos muita dificuldade até para ensinar o que seja servidão ou dominação. Um homem poderá apoderar-se dos frutos que outro colheu, da caça que outro matou, do antro que lhe servia de abrigo; mas como conseguiria fazer-se obedecer e quais poderiam ser as cadeias de dependência entre homens que nada possuem? Se me expulsam de uma árvore, posso ir a outra; se me atormentam num lugar, quem me impedirá de ir para outro? Existe algum homem de força superior o bastante à minha e, além disso, preguiçoso e feroz o bastante para me obrigar a prover à sua subsistência enquanto permanece ocioso? Ele tem de se decidir a não me perder de vista por um só momento, manter-me preso com muito cuidado enquanto dorme, de medo que eu fuja ou o mate: ou seja, ele é obrigado a se expor voluntariamente a um trabalho muito maior do que o que pretende evitar e do que o que ele mesmo me dá. E com tudo isso, vacila a sua atenção um só momento? Um ruído imprevisto o faz voltar a cabeça? Dou vinte passos na floresta, rompem-se os meus grilhões e ele não me revê nunca mais.

Sem prolongar inutilmente estes pormenores, cada qual deve ver que, como os laços da servidão só são formados pela dependência mútua dos homens e pelas necessidades recíprocas que os unem, é impossível subjugar um homem sem antes ter feito com que não possa dispensar os outros; situação que, não existindo no estado de natureza, deixa cada qual livre do jugo e torna vã a lei do mais forte.

Depois de ter provado que a desigualdade mal é perceptível no estado de natureza, e que a sua influência é ali quase nula, resta-me mostrar a sua origem e os seus progressos nos desenvolvimentos sucessivos do espírito humano. Depois de ter mostrado que a *perfectibilidade*, as virtudes sociais e as outras faculdades que o homem natural recebera em potência jamais podiam desenvolver-se por si mesmas, que precisavam para tanto do concurso fortuito de várias causas estranhas que poderiam jamais nascer e sem as quais ele teria permanecido eternamente em sua condição primitiva; resta-me considerar e aproximar os diversos acasos que podem ter aperfeiçoado a razão humana, deteriorando a espécie, ter tornado mau um ser ao torná-lo sociável e de um termo tão distante ter trazido, enfim, o homem e o mundo ao ponto em que o vemos.

Confesso que, como os acontecimentos que devo descrever podem ter acontecido de diversas maneiras, não posso orientar-me em minha escolha senão por conjeturas; mas além de tais conjeturas tornarem-se razões quando são as mais prováveis que podemos tirar da natureza das coisas e os únicos meios que podemos ter para descobrirmos a verdade, as consequências que quero deduzir das minhas nem por isso serão conjecturais, uma vez que, com base nos príncipios que acabo de estabelecer, não poderíamos formar nenhum outro sistema que não me fornecesse os mesmos resultados e de que não pudesse tirar as mesmas conclusões.

Isto me dispensará de prolongar as minhas reflexões sobre a maneira como o lapso de tempo compensa o pouco de verossimilhança dos acontecimentos; sobre a surpreendente potência das causas muito ligeiras, quando agem sem cessar; sobre a impossibilidade em que estamos, por um lado, de destruir certas hipóteses, se, por outro, não tivermos condições de lhes dar o grau de certeza dos fatos; sobre que, dados dois fatos como reais e tendo que uni-los por uma série de fatos intermediários, desconhecidos ou considerados tais, cabe à história, quando a temos, fornecer os fatos que os ligam; na falta dela, cabe à filosofia determinar os fatos semelhantes que podem ligá-los; enfim, sobre que, em matéria de acontecimentos, a semelhança reduz os fatos a um número muito menor de classes diferentes do que imaginamos. Basta-me oferecer tais objetos à consideração dos meus juízes: basta-me ter feito com que os meus leitores vulgares não precisassem considerá-los.

◻

Segunda parte

O primeiro a quem, tendo cercado um terreno, ocorreu dizer: *Isto é meu* e encontrou gente simples o bastante para dar-lhe crédito, foi o verdadeiro fundador da sociedade civil. Quantos crimes, guerras, assassínios, misérias e horrores não teria poupado ao gênero humano aquele que, arrancando os postes ou prrenchendo o fosso, tivesse gritado aos seus semelhantes: Evitai dar ouvidos a esse impostor; estareis perdidos se esquecerdes que os frutos são de todos e a terra, de ninguém. Mas tudo indica que que na época as coisas já tivessem chegado ao ponto de não mais poderem permanecer como estavam; pois tal ideia de propriedade, dependendo de muitas ideias anteriores que só podem ter nascido sucessivamente, não se formou de repente no espírito humano. Foi preciso fazer muitos progressos, adquirir muita indústria e luzes, transmiti-las e ampliá-las de época em época, para chegar a este último termo do estado de natureza. Retomemos, pois, as coisas de mais alto e procuremos reunir sob um só ponto de vista esta lenta sucessão de acontecimentos e de conhecimentos, em sua ordem mais natural.

O primeiro sentimento do homem foi o da existência, a primeiro preocupação, com a própria conservação. Os produtos da terra forneciam-lhe todos os auxílios necessários, o instinto levou-o a fazer uso deles. Como a fome e outros apetites lhe faziam experimentar sucessivamente diversas maneiras de existir, um houve que o convidou a perpetuar a espécie; e esta cega inclinação, desprovida de todo sentimento do coração, só produzia um ato puramente animal. Satisfeita a necessidade, os dois sexos não mais se reconheciam, e até o filho nada mais era para a mãe tão-logo pudesse dispensá-la.

Esta foi a condição do homem nascente; esta foi a vida de um animal limitado, inicialmente, às puras sensações e mal se valendo dos dons que a natureza lhe oferecia, longe de pensar em arrancar-lhes alguma coisa; mas logo surgiram dificuldades, foi preciso aprender a vencê-las: a altura das árvores, que o impedia de alcançar os frutos, a concorrência dos animais que procuravam delas se alimentar, a ferocidade daqueles que atentavam contra a sua própria vida, tudo o obrigou a se aplicar aos exercícios do corpo; teve de tornar-se ágil, veloz na corrida, vigoroso no combate.

As armas naturais, que são os galhos das árvores e as pedras, logo caíram nas suas mãos. Aprendeu a superar os obstáculos da natureza, a combater quando preciso os outros animais, a disputar o sustento com os mesmos homens ou a se compensar do que tinha de ceder ao mais forte.

À medida que o gênero humano se estendeu, multiplicaram-se com os homens os trabalhos. A diferença dos solos, dos climas, das estações pode tê-los forçado a instroduzi-las em seus modos de vida. Anos estéreis, invernos prolongados e rudes, verões ardentes que tudo consomem, exigiram deles uma nova indústria. À beira do mar e dos rios, inventaram a linha e o anzol, tornaram-se pescadores e ictiófagos. Nas florestas, fabricaram arcos e flechas e se tornaram caçadores e guerreiros. Nos países frios, cobriram-se das peles dos animais que haviam matado. O raio, um vulcão ou algum acaso feliz lhes fez conhecerem o fogo, novo recurso contra os rigores do inverno: aprenderam a conservar este elemento, depois a reproduzi-lo e, enfim, a com ele prepararem as carnes que antes devoravam cruas.

Esta reiterada correspondência dos seres diferentes dele e de uns com os outros deve naturalmente ter gerado no espírito do homem as percepções de certas relações. Estas relações, que exprimimos pelas palavras *grande, pequeno, forte, fraco, veloz, lento, temeroso, ousado*, e outras ideias parecidas, comparadas, quando preciso, e quase sem se dar conta disso, nele produziram, por fim, certo tipo de reflexão, ou melhor, uma prudência maquinal que lhe indicava as precauções mais necessárias à sua segurança.

As novas luzes resultantes de tal desenvolvimento aumentaram a sua superioridade sobre os outros animais, fazendo com que desse por ela. Aplicou-se a armar-lhes ciladas, revidou-lhes o ataque de mim maneiras e, embora muitos o superassem em força no combate ou em velocidade na corrida, daqueles que podiam servi-lo ou prejudicá-lo, tornou-se com o tempo o senhor de uns e o flagelo dos outros. Assim é que o primeiro olhar que lançou sobre si mesmo nele produziu a primeira reação de orgulho; assim é que, ainda mal sabendo distinguir as hierarquias e julgando ocupar o primeiro lugar como espécie, preparava-se de longe a pretendê-lo como indivíduo. Embora os seus semelhantes não fossem para ele o que são para nós e embora pouco mais comércio tivesse com eles do que com os outros animais, eles não foram esquecidos em suas observações. As conformidades que o tempo pôde fazê-lo aperceber entre eles, sua fêmea e ele mesmo o fizeram avaliar aquelas que não apercebia e, vendo que todos eles se comportavam como ele mesmo o teria em circunstâncias semelhantes, concluiu que a maneira de pensar e de sentir deles era inteiramente conforme à sua, e esta importante verdade, bem estabelecida em seu espírito, fez com que ele seguisse, por um pressentimento tão seguro e mais rápido do que a dialética, as melhores regras de conduta que, para sua vantagem e segurança, lhe convinha observar com eles.

Instruído pela experiência de que o amor do bem-estar é o único móvel das ações humanas, ele se vê em condições de distinguir as ocasiões raras em que o interesse comum devia fazê-lo contar com a assistência dos semelhantes e aquelas, ainda mais raras, em que a concorrência devia fazê-lo desconfiar deles. No primeiro caso, unia-se a eles formando um rebanho ou, no melhor dos casos, em algum tipo de associação livre que não obrigaria ninguém e duraria apenas o que durasse a necessidade passageira que o formara. No segundo, cada qual buscava a sua própria vantagem, quer com a força bruta, se julgasse podê-lo, quer com habilidade e sutileza, se se sentisse o mais fraco.

Eis como os homens puderam paulatinamente adquirir certa ideia grosseira dos compromissos mútuos e da vantagem de honrá-los, mas só na medida em que pudesse exigi-lo o interesse presente e sensível; pois a previdência nada era para eles, e, longe de se preocuparem com um porvir distante, sequer pensavam no dia seguinte. Se precisassem capturar um cervo, cada um sentia que devia para tanto manter-se fielmente em seu posto; mas se uma lebre viesse a passar ao alcance de um deles, não há dúvida de que ele a perseguiria sem escrúpulos e que, alcançando a sua presa, pouco se preocuparia em ter feito os companheiros perderem a deles.

É fácil compreender que semelhante comércio não exigia uma linguagem muito mais refinada do que a das gralhas ou dos macacos, que se agrupam quase do mesmo modo. Gritos inarticulados, muitos gestos e alguns ruídos imitativos devem ter composto durante muito tempo a língua universal, à qual, somando em cada região alguns sons articulados e convencionais, cuja instituição, como já disse, não é fácil de explicar, surgiram as línguas particulares, mas grosseiras, imperfeitas e tais aproximadamente como as têm diversas nações selvagens. Percorro multidões de séculos como uma flecha, forçado pelo tempo que passa, pela abundância de coisas que tenho a dizer e pelo progresso quase imperceptível dos começos; pois quanto mais lenta foi a sucessão dos eventos, mais rápida é de se descrever.

Estes primeiros progressos possibilitaram, enfim, ao homem fazer outros mais rápidos. Quanto mais se esclarecia o espírito, mais a indústria se aperfeiçoava. Logo deixando de adormecer sob a primeira árvore ou de se retirar nas cavernas, descobriram-se certo tipo de machados de pedras duras e cortantes, que serviram para talhar a madeira, escavar a terra e fazer cabanas de ramos, que mais tarde lhes ocorreu untar de argila e de barro. Foi esta a época de uma primeira revolução, que formou o estabelecimento e a distinção das famílias e introduziu uma espécie de propriedade; de onde nasceram, talvez, já muitos confrontos e combates. No entanto, como os mais fortes foram provavelmente os primeiros a construir abrigos que se sentiam capazes de defender, é de crer que os fracos acharam mais simples e mais seguro imitá-los do que tentar desalojá-los; e quanto aos que já tinham cabanas, cada qual não deve ter procurado muito apropriar-se da do vizinho, menos porque ela não lhe pertencesse, do que por ser-lhe inútil e porque não podia apoderar-se dela sem se expor a um combate muito rude com a família que a ocupava.

Os primeiros desenvolvimentos do coração foram o efeito de uma situação nova, que reunia numa morada comum os maridos e as mulheres, os pais e os filhos; o hábito de viver juntos fez nascer os mais doces sentimentos conhecidos pelos homens, o amor conjugal e o amor paternal. Tornou-se cada família uma pequena sociedade, ainda mais unida porque o apego mútuo e a liberdade eram seus únicos laços; e foi então que se estabeleceu a primeira diferença na maneira de viver dos dois sexos, que até então só haviam tido a mesma. As mulheres tornaram-se mais sedentárias e se acostumaram a tomar conta da cabana e dos filhos, enquanto o homem ia buscar o sustento comum. Começaram ambos os sexos também, por uma vida um pouco mais mole, a perder algo da ferocidade e do vigor: mas se cada qual separadamente se tornou menos capaz de combater as bestas selvagens, em compensação foi mais fácil reunirem-se para resistir-lhes em comum.

Neste novo estado, com uma vida simples e solitária, necessidades muito limitadas e os instrumentos que haviam inventado para provê-las, como os homens gozavam de um lazer muito grande, empregaram-no em obter vários tipos de comodidades desconhecidas de seus pais; e foi este o primeiro jugo que, sem se dar conta, eles se impuseram, e a primeira fonte de males que prepararam paraos seus descendentes; pois além de continuarem assim a amolecer o corpo e o espírito, tendo tais comodidades pelo hábito perdido quase todo o encanto e ao mesmo tempo tendo degenerado à condição de autênticas necessidades, a privação delas tornou-se mais cruel do que era doce a sua posse, e se sentiam infelizes por perdê-las, sem serem felizes por possuí-las.

Entrevemos um pouco melhor aqui como o uso da palavra se estabeleceu ou se aperfeiçoou aos poucos no seio de cada família, e podemos ainda conjeturar como diversas causas particulares puderam ampliar a linguagem e acelerar o seu progresso, tornando-a mais necessária. Grandes inundações ou terremotos rodearam de água ou de precipícios regiões habitadas; revoluções do globo destacaram e recortaram em ilhas parte do continente. Compreende-se que entre homens assim aproximados e forçados a viverem juntos deva ter-se formado um idioma comum, mais do que entre aqueles que erravam livremente pelas florestas e em terra firme. É, assim, possível que depois de suas primeiras tentativas de navegação, alguns insulares tenham introduzido entre nós o uso da palavra; e é pelo menos muito verossímil que a sociedade e as línguas tenham nascido nas ilhas e ali se aprefeiçoado antes de serem conhecidas nos continentes.

Tudo começa a mudar de aspecto. Tendo os homens, até então errantes pelos bosques, tomado uma residência mais fixa, aproximam-se lentamente, reúnem-se em diversos bandos e formam, por fim, em cada região, uma nação particular, unida pelos costumes e pelo caráter, não por regulamentos e por leis, mas pelo mesmo gênero de vida e de alimentação, e pela influência comum do clima. Uma vizinhança permanente não pode deixar de gerar, enfim, algum elo entre diversas famílias. Jovens de sexo diferente habitam cabanas vizinhas, o comércio passageiro que a natureza requer logo traz outro não menos doce e mais permanente pela frequentação mútua. Acostumam-se a considerar diferentes objetos e a fazer comparações; adquirem-se aos poucos ideias de mérito e de beleza, que produzem sentimentos de preferência. De tanto se verem, não conseguem mais deixar de se ver. Insinua-se na alma um sentimento terno e doce, e pela menor oposição torna-se um furor impetuoso: despertam com o amor os ciúmes; a discórdia triunfa e a mais doce das paixões recebe sacrifícios de sangue humano.

À medida que se sucedem as ideias e os sentimentos, que se exercitam o espírito e o coração, o gênero humano continua a se domesticar, ampliam-se as relações e os laços se estreitam. Acostumaram-se a se reunir diante das cabanas ou ao redor de uma grande árvore: o canto e a dança, verdadeiros filhos do amor e do lazer, tornaram-se a diversão, ou melhor, a ocupação dos homens e das mulheres ociosos e reunidos. Cada qual começou a olhar para os outros e a querer ser por eles olhado, e a estima pública adquiriu um valor. Aquele que cantava ou dançava melhor; o mais belo, o mais forte, o mais hábil ou o mais eloquente tornou-se o mais considerado, e este foi o primeiro passo para a desigualdade e, ao mesmo tempo, para o vício: destas primeiras preferências nasceram, por um lado, a vaidade e o desprezo, por outro a vergonha e a inveja; e a fermentação causada por estes novos levedos produziu, enfim, compostos funestos à felicidade e à inocência.

Assim que os homens começaram a se apreciar mutuamente e a ideia de consideração se formou em seu espírito, cada qual pretendeu ter direito a ela, e não foi mais possível deixar impunemente de tê-la por ninguém. Daí saíram os primeiros deveres de civilidade, mesmo entre os selvagens, e daí todo inconveniente voluntário se tornou um ultraje, porque juntamente com o mal que resultava da injúria, o ofendido nele via o desprezo pela sua pessoa, frequentemente mais insuportável do que o próprio mal. Assim é que, como cada qual punia o desprezo que lhe haviam demonstrado de maneira proporcional à importância que a si mesmo se atribuía, se tornaram terríveis as vinganças, e os homens, sanguinários e cruéis. Eis precisamente o ponto a que havia chegado a maioria dos povos selvagens que nos são conhecidos; e é por não terem distinguido suficientemente as ideias e observado o quanto estes povos já estavam longe do primeiro estado de natureza, que muitos se afobaram em concluir que o homem é naturalmente cruel e precisa de polícia para amansá-lo, embora ninguém seja tão doce como ele em seu estado primitivo, quando, colocado pela natureza a distâncias iguais da estupidez dos brutos e das luzes funestas do homem civil e forçado igualmente pelo instinto e pela razão a se proteger do mal que o ameaça, é impedido pela piedade natural de fazer ele mesmo o mal a ninguém, sem a isso ser levado por nada, mesmo depois de tê-lo recebido. Pois, segundo o axioma do sábio Locke, *não pode haver injúria onde não há propriedade*.

Cumpre, porém, observar que a sociedade inaugurada e as relações já estabelecidas entre os homens exigiam neles qualidades diferentes das que deviam à sua constituição primitiva; que, começando a moralidade a se introduzir nos atos humanos e sendo cada qual, antes das leis, o único juiz e vingador das ofensas que recebera, a bondade conveniente ao puro estado de natureza já não era a que convinha à sociedade nascente; era preciso que as punições se tornassem mais severas à medida que as ocasiões de ofender se tornavam mais frequentes e que coubesse ao terror das vinganças ocupar o lugar do freio das leis. Assim, embora os homens se tivessem tornado menos resistentes e a piedade natural já tivesse sofrido certa alteração, este período do desenvolvimento das faculdades humanas, conservando um justo meio entre a indolência do estado primitivo e a petulante atividade do nosso amor-próprio, deve ter sido a época mais feliz e mais duradoura. Quanto mais refletimos a este respeito, mais vemos que este estado era o menos sujeitàs revoluções, o melhor para o homem (p), que deve ter dele saído por algum acaso funesto que, para a utilidade comum, nunca deveria ter acontecido. Os exemplo dos selvagens, que encontramos quase todos neste ponto, parece confirmar que o gênero humano fora feito para nele permanecer para sempre, que tal estado é a verdadeira juventude do mundo e todos os progressos ulteriores, aparentemente passos na direção da perfeição do indivíduo, levavam, na verdade, à decrepitude da espécie.

Enquanto os homens se contentaram com cabanas rústicas, enquanto se limitaram a costurar seus trajes de pele com espinhos, a se enfeitar de plumas e de conchas, a pintar o corpo de diversas cores, a aperfeiçoar e embelezar seus arcos e suas flechas, a talhar com pedras cortantes algumas canoas de pescador ou alguns grosseiros instrumentos musicais, em suma, enquanto só se aplicaram a obras que um só podia fazer e a artes que não precisavam do concurso de várias mãos, viveram tão livres, bons e felizes quanto podiam sê-lo por natureza e continuaram a gozar entre si de um comércio independente: mas desde que um homem precisou do auxílio de outros: desde que se percebeu que era útil a um só ter provisões para dois, desapareceu a igualdade, introduziu-se a propriedade, tornou-se necessário o trabalho e as vastas florestas se transformaram em risonhos campos, que era preciso regar com o suor dos homens e nos quais logo se viu a escravidão e a miséria germinarem e crescerem com as messes.

A metalurgia e a agricultura foram as duas artes cuja invenção produziu esta grande revolução. Para o poeta, o ouro e a prata, mas para o filósofo o ferro e o trigo é que civilizaram o homem e perderam o gênero humano; assim, um e outro eram desconhecidos dos selvagens da América, que por isso sempre permaneceram tais; os outros povos parecem até ter permanecido bárbaros enquanto praticaram uma destas artes sem a outra; e talvez uma das melhores razões pelas quais a Europa foi, senão mais cedo, pelo menos mais constantemente e melhor civilizada do que as outras partes do mundo, seja que ela é ao mesmo tempo a mais abundante em ferro e a mais fértil em trigo.

É muito difícil conjeturar como os homens chegaram a conhecer e empregar o ferro: pois não é crível que tenham imaginado por si mesmos tirar a matéria da mina e prepará-la como necessário para fundi-la antes de saber o que resultaria disso. Por outro lado, podemos ainda menos atribuir esta descoberta a algum incêndio acidental, pois as minas só se formam em lugares áridos e carentes de árvores e de plantas, de sorte que diríamos que a natureza tomou suas precauções para nos esconder este fatal segredo. Só nos resta, pois, a circunstância extraordinária de algum vulcão que, ao vomitar matérias metálicas em fusão, tenha dado aos observadores a ideia de imitar esta operação da natureza; mesmo assim, é preciso supor muita coragem e previdência para empreender um trabalho tão duro e considerar de tão longe as vantagens que dele se podiam extrair: o que só convém a espíritos mais exercitados do que estes deviam ser.

Quanto à agricultura, o seu princípio foi conhecido muito tempo antes que a sua prática fosse estabelecida e é pouco possível que os homens continuamente ocupados em tirar seu sustento das árvores e das plantas não tivessem mui rapidamente a ideia das vias de que a natureza se vale para a geração dos vegetais; mas sua indústria provavelmente só se voltou muito tarde para este lado, quer porque as árvores, que com a caça e a pesca lhes forneciam o alimento, não precisavam de seus cuidados, quer por não conhecerem o uso do trigo, quer por falta de instrumentos para cultivá-lo, quer por falta de previdência quanto às necessidades futuras, quer, finalmente, por falta de meios de impedir os outros de se apropriarem do fruto de seu trabalho. Tendo-se tornado mais industriosos, podemos crer que com pedras agudas e bastões pontudos eles começaram por cultivar alguns legumes ou raízes ao redor das cabanas, muito antes de saberem preparar o trigo e de terem os instrumentos necessários para a cultura em grande escala, sem contar que, para se dedicarem a esta ocupação e semear as terras, é preciso decidir-se a perder primeiro alguma coisa para ganhar muito em seguida; precaução muito distante do jeito de pensar do homem selvagem, que, como eu disse, tem muita dificuldade em pensar de manhã nas necessidades da tarde.

A invenção das outras artes foi, portanto, necessária para forçar o gênero humano a se dedicar à arte da agricultura. A partir do momento em que foram necessários homens para fundir e forjar o ferro, foram precisos outros homens para alimentar os primeiros. Quanto mais veio a se multiplicar o número de trabalhadores, menos mãos passaram a se empenhar em fornecer o sustento comum, sem que houvesse menos bocas para consumi-lo; e como a uns foram necessários gêneros em troca de seu ferro, os outros descobriram enfim o segredo de usar o ferro para a multiplicação dos bens. Daí nasceram, por um lado, a lavoura e a agricultura e, por outro, a arte de trabalhar os metais e de multiplicar os seus usos.

Da cultura das terras seguiu-se necessariamente sua partilha, e da propriedade uma vez reconhecida, as primeiras regras de justiça: pois para dar a cada qual o seu, é preciso que cada qual possa ter alguma coisa; além disso, como os homens começavam a dirigir a vista para o futuro e vendo todos que possuíam bens que podiam perder, nenhum deles não tinha a temer para si as represálias pelas ofensas que pudesse fazer aos outros. Esta origem é ainda mais natural por ser impossível conceber a ideia da propriedade nascente senão a partir da mão-de-obra; pois não vemos do que, para se apropriar das coisas que ele mesmo não fez, o homem pode valer-se senão do seu trabalho. Só o trabalho, dando ao cultivador o direito sobre o produto da terra que lavrou, dá-lhe também o direito, por conseguinte, sobre o solo, pelo menos até a colheita, e assim, de ano em ano, o que constituía uma posse contínua se transforma facilmente em propriedade. Quando os antigos, diz Grócio, deram a Ceres o epíteto de legisladora e a uma festa famosa em sua honra o nome de Tesmofórias, deram a entender com aquilo que a partilha das terras produziu um novo tipo de direito. Ou seja, o direito de propriedade, diferente do que resulta da lei natural.

Neste estado, as coisas poderiam ter permanecido iguais, se os talentos tivessem sido iguais e, por exemplo, o emprego do ferro e o consumo de gêneros se tivessem sempre equilibrado com exatidão; mas a proporção, que nada mantinha, logo foi rompida; o mais forte produzia mais; o mais hábil tirava melhor partido do que produzia; o mais engenhoso descobria maneiras de abreviar o trabalho; o lavrador precisava de mais ferro ou o ferreiro, de mais trigo, e, trabalhando igualmente, um ganhava muito enquanto outro mal tinha com que viver. Assim é que a desigualdade natural se vai aos poucos desdobrando com a de combinação, e as diferenças entre os homens, desenvolvidas pelas das circunstâncias, se tornam mais perceptíveis, mais permanentes em seus efeitos e começam a influir na mesma proporção sobre a sorte dos particulares.

Tendo as coisas chegado a este ponto, é fácil imaginar o resto. Não me deterei em descrever a invenção sucessiva das outras artes, o progresso das línguas, a provação e o emprego dos talentos, a desigualdade das riquezas, o uso e o abuso delas, nem todos os pormenores que se seguem a estes e cada um pode facilmente suprir. Limitar-me-ei apenas a considerar brevemente o gênero humano colocado nesta nova ordem de coisas.

Eis, portanto, desenvolvidas todas as nossas faculdades, a memória e a imaginação em funcionamento, o amor-próprio interessado, a razão ativa e o espírito chegado quase ao termo da perfeição de que é suscetível. Eis todas as qualidades já ativas, a condição e a sorte de cada homem estabelecidas, não só com base na quantidade de bens e o poder de servir ou de prejudicar, mas com base na inteligência, na beleza, na força ou na habilidade, no mérito ou nos talentos, e como estas qualidades são as únicas que podiam atrair a consideração, logo foi preciso tê-las ou ostentá-las, foi preciso, para vantagem própria, mostrar-se outro do que de fato se era. Ser e parecer tornaram-se duas coisas completamente diferentes, e desta distinção saíram o luxo imponente, a astúcia enganosa e todos os vícios que formam o seu cortejo. Por outro lado, de livre e independente que era antes o homem, ei-lo por assim dizer submetido, por uma multidão de necessidades, a toda a natureza e sobretudo aos seus semelhantes, de que se torna o escravo, em certo sentido, mesmo tornando-se seu senhor; rico, precisa dos serviços deles; pobre, precisa da ajuda deles, e a mediocridade não lhe permite dispensá-los. Cumpre, pois, que ele busque sem cessar interessá-los pela sua sorte e fazê-los achar, na realidade ou em aparência, proveitoso trabalhar em favor dele: o que o torna velhaco e falso com uns, imperioso e duro com os outros e o coloca na necessidade de enganar a todos de que precisa, quando não pode fazer-se temer por eles, e quando não acha de seu interesse servi-los utilmente. Enfim, a ambição devorante, o ardor de elevar a sua riqueza relativa, menos por uma verdadeira necessidade do que para se colocar acima dos outros, inspira em todos os homens uma negra inclinação para se prejudicarem reciprocamente, uns ciúmes secretos, ainda mais perigosos porque, para golpear com mais segurança, assume muitas vezes a máscara da benevolência; numa palavra, concorrência e rivalidade, por um lado, e, por outro, oposição de interesses, e sempre o desejo oculto de levar vantagem às custas dos outros, todos estes males são o primeiro efeito da propriedade e o cortejo inseparável da nascente desigualdade.

Antes que se tivessem inventado os sinais representativos das riquezas, elas quase que só podiam consistir em terras e em gado, os únicos bens reais que os homens pudessem possuir. Ora, quando as herdades cresceram em número e em extensão a ponto de cobrirem o solo inteiro e de se tocarem umas às outras, uns não puderam mais crescer senão às custas dos outros, e os supranumerários, cuja fraqueza ou indolência haviam impedido de adquiri-las por sua vez, empobrecidos sem nada terem perdido, porque, como tudo mudava ao seu redor, só eles não haviam mudado, foram obrigados a receber ou tomar o próprio sustento das mão dos ricos, e daí começaram a nascer, segundo os diversos caracteres de uns e de outros, a dominação e a servidão, ou a violência e as rapinas. Os ricos, por seu lado, mal experimentaram o prazer de dominar e já desdenhavam todos os outros e, servindo-se de seus antigos escravos para submeter outros novos, só pensaram em subjugar e submeter os vizinhos; semelhantes àqueles lobos famélicos que, tendo uma vez experimentado a carne humana, rejeitam todo outro alimento e já não querem devorar senão homens.

Assim é que os mais poderosos e os mais miseráveis, fazendo da força ou das necessidades uma espécie de direito aos bens dos outros, equivalente, segundo eles, ao de propriedade, a igualdade rompida foi seguida das mais medonhas desordens: assim é que as usurpações dos ricos, as bandidagens dos pobres, as paixões desenfreadas de todos, sufocando a piedade natural e a voz ainda débil da justiça, tornaram os homens avaros, ambiciosos e maus. Erguia-se entre o direito do mais forte e o direito do primeiro ocupante um conflito perpétuo, que só terminava em combates e assassínios (q). A sociedade nascente deu lugar ao mais horrível estado de guerra: o gênero humano, aviltado e desolado, como não podia mais voltar atrás, nem renunciar às infelizes conquistas que havia feito, e como só trabalhava para a sua vergonha, pelo abuso das faculdades que o honram, colocou-se ele próprio à beira da ruína.

Attonitus novitate mali, divesque miserque,
Effugere optat opes, et quae modo voverat, odit.[1]

Não é possível que os homens não tenham, enfim, refletido sobre uma situação tão miserável e sobre as calamidades de que tanto padeciam. Os ricos, sobretudo, logo devem ter sentido o quanto lhes era desvantajosa uma guerra perpétua, com cujos custos eram os únicos a arcar e na qual o rico de vida era comum e o dos bens, particular. Fosse qual fosse, aliás, a cor que pudessem dar a suas usurpações, percebiam suficientemente que elas não eram estabelecidas senão por um direito precário e abusivo e que, tendo sido adquiridas pela força, a força podia tirá-las, sem que tivessem razão de se queixar. Aqueles mesmos que havia enriquecido a simples indústria mal podiam fundar sua propriedade em melhores títulos. Por mais que dissessem: Eu é que construí este muro; ganhei este terreno com o meu trabalho. Quem vos deu as pedras, podiam responder-lhes, e em virtude de que pretendeis ser pago às nossas custas de um trabalho que não vos impusemos? Ignorais que um sem-número de vossos irmãos preceem ou padecem necessidade do que tendes em excesso, e que precisaríeis do consentimento expresso e unânime do gênero humano para vos apropriar, sobre o sustento comum, de tudo o que vai além do vosso? Sem razões válidas para se justificar e de forças suficientes para se defender; esmagando com facilidade um particular, mas ele mesmo esmagado por tropas de bandidos, só contra todos e não podendo, por causa dos ciúmes mútuos, unir-se com seus iguais contra inimigos unidos pela esperança comum da pilhagem, o rico, forçado pela necessidade, concebeu enfim o projeto mais refletido que jamais adentrou o espírito humano: usar a seu favor as forças mesmas dos que o atacavam, fazer seus defensores de seus adversários, inspirar-lhes outras máximas e dar-lhes outras instituições que lhe fossem tão favoráveis quanto o direito natural lhe era contrário.

Nesta perspectiva, depois de ter exposto aos vizinhos o horror de uma situação que os armava uns contra os outros, que lhes tornava as posses tão onerosas quanto suas necessidades e em que ninguém se via seguro nem na pobreza, nem na riqueza, inventou facilmente

---

[1] "Atônito com tão novo mal, rico e miserável ao mesmo tempo, deseja escapar de suas riquezas, e o que antes desejara odeia." (Ovídio, *Metamorfoses*, XI, 127). (NT)

razões especiosas para conduzi-los ao seu objetivo. "Unamo-nos, diz-lhes ele, para defendermos da opressão os fracos, contermos os ambiciosos e assegurarmos a cada qual a posse do que lhe pertence. Instituamos normas de justiça e de paz a que todos sejam obrigados a se conformar, que não façam acepção de pessoa e reparem de algum modo os caprichos da fortuna, submetendo igualmente o poderoso e o fraco a deveres mútuos. Em suma, em vez de voltarmos nossas forças contra nós mesmos, unamo-las num poder supremo que nos governe segundo sábias leis, que proteja e defenda todos os membros da associação, repila os inimigos comuns e nos mantenha numa concórdia eterna."

Foi preciso muito menos do que o equivalente deste discurso para convencer homens rudes, fáceis de seduzir, que, aliás, tinham problemas demais para resolver entre si para poderem dispensar os árbitros, e avareza e ambição demais para poderem dispensar os senhores por muito tempo. Todos acorreram aos seus grilhões, crendo garantir sua liberdade, pois com razões bastantes para sentir as vantagens de um estabelecimento político, não tinham experiência suficiente para preverem seus perigos; os mais capazes de pressentir os abusos eram justamente os que esperavam aproveitar-se deles, e até os sábios viram que era preciso resolver-se a sacrificar parte de sua liberdade para conservarem a outra, como um ferido manda amputarem o braço para salvar o resto do corpo.

Tal foi, ou deve ter sido, a origem da sociedade e das leis, que deram novos entraves ao fraco e novas forças ao rico (r), destruíram sem retorno a liberdade natural, definiram para sempre a lei da propriedade e da desigualdade, de uma hábil usurpação fizeram um direito irrevogável, e em proveito de alguns ambiciosos submeteram daí em diante todo o gênero humano ao trabalho, à servidão e à miséria. É fácil ver como o estabelecimento de uma única sociedade tornou indispensável o de todas as outras e como, para enfrentar forças unidas, foi preciso unirem-se por sua vez. Multiplicando-se ou estendendo-se rapidamente as sociedades, logo cobriram toda a superfície da terra e não foi mais possível encontrar em todo o universo um só canto onde fosse possível libertar-se do jugo e subtrair a própria cabeça ao gládio muitas vezes mal conduzido que cada homem viu suspenso perpetuamente sobre a sua. Tendo o direito civil assim se tornado a regra comum dos cidadãos, a lei de natureza passou a só ter lugar entre as diversas sociedades, onde, com o nome de direito das gentes, foi moderada por algumas convenções tácitas, para tornar possível o comércio e suprir a comiseração natural, que, perdendo de sociedade a sociedade quase toda a força que tinha de homem a homem, passa a só residir em algumas grandes almas cosmopolitas, que superam as barreiras imaginárias que separam os povos e, a exemplo do ser soberano que as criou, abraçam todo o gênero humano em sua benevolência.

Permanecendo, assim, os corpos políticos entre si no estado de natureza, logo se ressentiram dos inconvenientes que haviam forçado os particulares a dele sair, e tal estado se tornou ainda mais funesto entre estes grandes corpos do que o fora antes entre os indivíduos que os compunham. Daí saíram as guerras nacionais, as batalhas, os assassínios, as represálias que fazem estremecer a natureza e chocam a razão, e todos estes horríveis preconceitos que elevam à condição de virtudes a honra de derramar sangue humano. As mais distintas pessoas aprenderam a contar entre os deveres o de degolar os se-melhantes; vimos, enfim, os homenes massacrarem-se aos milhares sem saberem por quê; e eram cometidos mais assassínios num só dia de combate e mais horrores à tomada de uma só cidade do que se haviam cometido durante toda a duração do estado de natureza sobre a face da terra. Estes são os primeiros efeitos que entrevemos da divisão do gênero humano em diferentes sociedades. Voltemos à instituição delas.

Sei que muitos atribuíram outras origens às sociedades políticas, como as conquistas do mais potente ou a união dos fracos, e a escolha entre estas causas é indiferente ao que quero estabelecer: aquela que acabo de expor, no entanto, me parece a mais natural, pelas seguintes razões: 1. No primeiro caso, não sendo o direito de conquista de modo algum um direito, não podia fundar nenhum outro direito, permane-cendo o conquistador e os povos conquistados sempre em estado de guerra entre si, a menos que a nação, recuperada a plena liberdade, não escolhesse voluntariamente o seu vencedor como seu próprio chefe. Até lá, por mais capitulações que se tivessem feito, como não se fundavam senão na violência e, por conseguinte, são nulas por este mesmo fato, não pode haver nesta hipótese nem verdadeira sociedade, nem corpo político, nem outra lei senão a do mais forte. 2. As pala-vras *forte* e *fraco* são equívocas, no segundo caso; pois no intervalo que se encontra entre o estabelecimento do direito de propriedade ou de primeiro ocupante e o dos governos políticos, o sentido destes termos é melhor traduzido pelas palavras *pobre* e *rico*, porque um homem, de fato, não tinha, antes das leis, outro meio de subjugar os seus iguais senão atacando seus bens ou dando-lhes parte dos seus. 3. Como os pobres nada têm a perder senão a liberdade, teria sido para eles uma grande loucura despojar-se voluntariamente do único bem que lhes restava, para nada ganhar em troca; os ricos, ao contrário, sendo, por assim dizer, sensíveis em todas as partes dos seus bens, era muito mais fácil fazer-lhes mal, e tinham, por conseguinte, muito mais precauções a tomar para se defenderem disso e, enfim, é mais razoável crer que uma coisa tenha sido inventada por aqueles a quem é mais útil do que por aqueles a quem prejudicou.

O governo nascente não teve uma forma constante e regular. A falta de filosofia e de experiência não deixava que se percebessem senão os inconvenientes presentes, e não se pensava em remediar os outros senão à medida que iam apresentando-se. Malgrado o esforço dos mais sábios legisladores, o estado político permaneceu sempre imperfeito, porque era quase obra do acaso e, tendo começado mal, o tempo, ao descobrir-lhe os defeitos e sugerir remédios para eles, jamais pôde reparar os vícios da constituição. Remendava-se sem cessar quando teria sido preciso começar por limpar a área e livrar-se de todos os velhos materiais, como fez Licurgo em Esparta, para erguer em seguida um bom edifício. Inicialmente, a sociedade consistiu apenas em algumas convenções gerais a que todos os particulares se comprometiam e de que a comunidade se fazia fiadora perante cada um deles. Foi preciso que a experiência mostrasse o quanto tal constituição era fraca e como era fácil aos infratores evitarem a condenação ou o castigo dos delitos de que só o público devia ser testemunha ou juiz; foi preciso que a lei fosse burlada de mil maneiras; foi preciso que os inconvenientes e as desordens se multiplicassem continuamente para que, enfim, se pensasse em confiar a particulares o perigoso depósito da autoridade pública e se entegasse a magistrados o cuidado de fazerem observar-se as deliberações do povo; pois dizer que os chefes foram eleitos antes que a confederação fosse formada e que os ministros das leis existiram antes das mesmas leis é uma suposição que não é lícito combater seriamente.

Tampouco seria razoável crer que os povos logo se tenham jogado nos braços de um senhor absoluto, sem condições e sem retorno, e que o primeiro meio de prover à segurança comum imaginado por homens altivos e indomados tenha sido o de precipitar-se na escravidão. Com efeito, por que teriam admitido superiores, a não ser para se defenderem contra a opressão e para protegerem os seus bens, as suas liberdades e as suas vidas, que são, por assim dizer, os elementos constitutivos de seu ser? Ora, nas relações de homem a homem, como o pior que possa acontecer a um é ver-se à mercê do outro, não teria sido contra o bom senso começar por entregar nas mãos de um chefe as únicas coisas para a conservação das quais precisavam do socorro dele? Que equivalente teria ele podido oferecer-lhes para a concessão de tão belo direito; e, se tivesse ousado exigi-lo com o pretexto de defendê-lo, não teria recebido de imediato a resposta do apólogo: Que nos fará a mais o inimigo? É, portanto, incontestável, e esta é a máxima fundamental de todo o direito político, que os povos adotaram chefes para que estes defendessem sua liberdade e não para que os subjugasse. *Se temos um príncipe*, dizia Plínio a Trajano, *é para que ele nos preserve de ter um senhor.*

Tecem os políticos sobre o amor da liberdade os mesmos sofismas que os filósofos teceram sobre o estado de natureza; pelas coisas que veem avaliam coisas muito diferentes que não viram, e atribuem aos homens uma inclinação natural à servidão pela paciência com a qual os que têm à sua frente suportam a deles, sem se dar conta que ocorre com a liberdade o mesmo que com a inocência e a virtude, cujo valor só sentimos quando nós mesmos delas gozamos e cujo gosto perdemos tão-logo as tenhamos perdido. Conheço as delícias do teu país, dizia Brásidas ao sátrapa que comparava a vida de Esparta à de Persépolis, mas não podes conhecer os prazeres do meu.

Como um corcel indomado eriça a crina, golpeia o chão com as patas e se debate impetuosamente à mera aproximação do freio, enquanto um cavalo domado suporta com paciência a vara e a espora, o homem bárbaro não baixa a cabeça ao jugo que o homem civilizado carrega sem murmurar, e prefere a mais tempestuosa liberdade a uma servidão tranquila. Não é, pois, pelo aviltamento dos povos subjugados que devemos julgar as disposições naturais do homem a favor ou contra a servidão, mas pelos prodígios que fizeram todos os povos livres para se defenderem da opressão. Sei que os primeiros não se cansam de se vangloriar da paz e do repouso de que gozam em seus grilhões, e que *miserrimam servitutem pacem appellant*[2], mas quando vejo os outros sacrificarem os prazeres, o repouso, a riqueza, o poder e até a vida para a conservação deste único bem tão desdenhado por aqueles que o perderam; quando vejo animais nascidos livres e que

---

[2] "Chamam a paz de a mais miserável das servidões" (Tácito) (NT).

abominam o cativeiro quebrarem a cabeça contra as grades da jaula; quando vejo multidões de selvagens completamente nus desprezarem as volúpias europeias e enfrentarem a fome, o fogo, o ferro e a morte para só conservarem a independência, sinto que não cabe a escravos raciocinar sobre a liberdade.

Quanto à autoridade paterna, de que tantos fizeram derivar o governo absoluto e toda a sociedade, sem recorrer às provas em contrário de Locke e de Sidney, basta observar que nada no mundo está mais distante do espírito feroz do despotismo do que a suavidade dessa autoridade que considera mais a vantagem de quem obedece do que a utilidade de quem comanda, que pela lei de natureza o pai só é o senhor da criança enquanto o seu auxílio lhe é necessário, que além deste termo eles se tornam iguais e então o filho, perfeitamente independente do pai, só lhe deve respeito, e não obediência; pois o reconhecimento é um dever que devemos cumprir, mas não um direito que possamos exigir. Em vez de dizer que a sociedade civil deriva do poder paterno, deveríamos dizer, ao contrário, que é dela que tal poder tira a sua principal força: um indivíduo só foi reconhecido como pai de muitos quando eles permaneceram reunidos ao seu redor. Os bens do pai, de que é verdadeiramente senhor, são os laços que mantêm seus filhos na dependência, e pode ele só lhes fazer participarem de sua sucessão proporcionalmente ao que terão merecido por um contínuo respeito às suas vontades. Ora, longe de os súditos terem algum favor semelhante a esperar do déspota, como lhe pertencem propriamente, eles e tudo o que possuem, ou pelo menos ele pretende que assim seja, estão reduzidos a receber como um favor o que ele lhes deixa dos próprios bens deles; faz justiça quando os despoja; presta-lhes um favor quando os deixa viver.

Continuando a examinar assim os fatos pelo direito, não encontraríamos mais solidez do que verdade no estabelecimento voluntário da tirania, e seria difícil mostrar a validade de um contrato que só obrigasse uma das partes, onde se pusesse tudo de um lado e nada do outro e que só redundasse em prejuízo para quem com ele se comprometesse. Este odioso sistema está muito distante de ser, mesmo hoje, o dos sábios e bons monarcas, e sobretudo dos reis da França, como podemos ver em diversos pontos de seus éditos e em particular no seguinte trecho de um texto célebre, publicado em 1667, em nome e por ordem de Luís XIV: *Não digam, pois, que o soberano não esteja sujeito às leis do seu Estado, pois a proposição contrária é uma verdade do direito das gentes, que a adulação por vezes atacou, mas os bons príncipes sempre defenderam como uma divindade tutelar dos seus Estados. Quão mais legítimo é dizer, com o sábio Platão, que a perfeita felicidade de um reino é que o príncipe seja obedecido pelos súditos, o príncipe obedeça à lei e a lei seja reta e sempre voltada para o bem público.* Não me deterei em examinar se, sendo a liberdade a mais nobre das faculdades do homem, não é degradar a sua natureza, colocar-se no nível das bestas, escravas do instinto, ofender até o Autor de seu ser, o renunciar sem reserva ao mais precioso de todos os seus dons, o sujeitar-se a cometer todos os crimes que ele nos veda, para agradar a um senhor feroz ou insensato, e se tal sublime artífice deve estar mais irritado de ver destruir do que desonrar a sua mais bela obra. Perguntarei apenas com que direito os que não temeram avíltar-se a si mesmos até este ponto puderam submeter a sua posteridade à mesma ignomínia e renunciar por ela a bens que ela não deve à liberalidade deles, e sem os quais até a vida é onerosa a todos os que dela são dignos?

Diz Pufendorf que como transferimos nossos bens a outros por convenções e contratos, podemos também despojar-nos da liberdade em favor de alguém. Este, ao que me parece, é um péssimo raciocínio; pois primeiro o bem que alieno se me torna algo completamente estranho e cujo abuso me é indiferente, mas me importa que não abusem da minha liberdade e não posso, sem tornar-me culpado do mal que me forçarão a fazer, expor-me a tornar-me o instrumento do crime. Além disso, não sendo o direito de propriedade senão de convenção e de instituição humana, todo homem pode à vontade dispor do que possui: mas o mesmo não acontece com os dons essenciais da natureza, tais como a vida e a liberdade, de que cada qual tem a permissão de gozar e dos quais é pelo menos duvidoso que tenhamos o direito de nos despojar. Ao abrirmos mão de um, degradamos o nosso ser; abrindo mão do outro, aniquilamo-lo tanto quanto podemos; e como nenhum bem temporal pode compensar de um e de outro, seria ofender tanto a natureza quanto a razão renunciar a eles por qualquer preço. Mas ainda que pudéssemos alienar a nossa liberdade como os nossos bens, a diferença seria imensa para os filhos que só gozam dos bens do pai por transmissão de seu direito, ao passo que, sendo a liberdade um dom que recebem da natureza na qualidade de homens, seus pais não tiveram nenhum direito de despojá-los dela; assim, como para estabelecer a escravidão foi preciso fazer violência à natureza, foi preciso mudá-la para perpetuar tal direito, e os juristas que gravemente pronunciaram que o filho de um escravo nasceria escravo decidiram, em outros termos, que um homem não nasceria homem.

Parece-me, pois, certo que não só os governos não começaram pelo poder arbitrário, que não passa da corrupção, do termo extremo deles, e que os reconduz, enfim, à mera lei do mais forte, de que foram inicialmente o remédio, mas também que, sendo por natureza ilegítimo, ele não pôde servir de fundamento aos direitos da sociedade, nem, por conseguinte, à desigualdade de instituição.

Sem entrar hoje nas pesquisas ainda por fazer acerca da natureza do pacto fundamental de todo governo, limito-me, seguindo a opinião comum, a considerar aqui o estabelecimento do corpo político como um verdadeiro contrato entre o povo e os chefes que este escolheu, contrato pelo qual as duas partes se comprometem à observância das leis que nele são estipuladas e que formam os laços da sua união. Tendo o povo, acerca das relações sociais, reunido todas as suas vontades numa única, todos os artigos sobre os quais tal vontade se explica se tornam leis fundamentais que obrigam todos os membros do Estado, sem exceção, e uma das quais regula a escolha e o poder dos magistrados encarregados de velar pela execução das outras. Estende-se este poder a tudo o que pode manter a constituição, sem chegar a mudá-la. Somam a isso honras que tornam respeitáveis as leis e os seus ministros e, para estes pessoalmente, prerrogativas que os recompensam dos duros trabalhos que custa uma boa administração. O magistrado, por seu lado, compromete-se a não usar do poder que lhe é confiado senão segundo a intenção dos comitentes, a manter cada um no tranquilo gozo do que lhe pertence e a sempre preferir a utilidade pública a seu próprio interesse.

Antes que a experiência tivesse mostrado ou que o conhecimento do coração humano tivesse feito prever os abusos inevitáveis de tal constituição, ela deve ter parecido ainda melhor porque os que eram encarregados de velar por sua conservação eram eles mesmos os maiores interessados nisso; pois como a magistratura e os seus direitos só estavam estabelecidos com base nas leis fundamentais, tão-logo elas fossem destruídas os magistrados deixariam de ser legítimos, o povo não mais seria obrigado a obedecer a eles e, como a essência do Estado não teria sido constituúda pelo magistrado, mas pela lei, cada qual retornaria de direito à sua liberdade natural.

Por pouco que reflitamos sobre isto com atenção, isto se confirmaria por novas razões, e pela natureza do contrato veríamos que ele não poderia ser irrevogável: pois se não havia poder superior que pudesse garantir a fidelidade dos contratantes, nem forçá-los a honrar seus compromissos recíprocos, as partes continuariam sendo os únicos juízes em sua própria causa e cada uma delas continuaria tendo o direito de renunciar ao contrato, tão-logo achasse que a outra desrespeitava as condições ou que elas deixassem de lhe convir. Neste princípio é que parece que o direito de abdicar pode fundamentar-se. Ora, considerando apenas, como fazemos, a instituição humana, se o magistrado que tem todo o poder nas mãos e se apropria de todas as vantagens do contrato tinha, porém, o direito de renunciar à autoridade, com mais forte razão o povo, que paga por todos os erros dos chefes, deveria ter o direito de renunciar à dependência. Mas as dissensões horrendas, as desordens infinitas que necessariamente acarretaria este perigoso poder, mostram mais do que qualquer outra coisa o quanto os governos humanos precisavam de uma base mais sólida do que a mera razão e o quanto era necessário à tranquilidade pública que a vontade divina interviesse para dar à autoridade soberana um caráter sagrado e inviolável, que tirasse dos súditos o funesto direito de dela disporem. Ainda que a religião só tivesse feito este bem aos homens, seria o bastante para que todos devessem querer-lhe bem e adotá-la, mesmo com os seus abusos, pois ela poupa ainda mais sangue do que o fanatismo o faz correr: mas sigamos o fio da nossa hipótese.

As diversas formas dos governos têm origem nas diferenças maiores ou menores que se acharam entre os particulares no momento da instituição. Era um homem eminente pelo poder, pela virtude, pelas riquezas ou pelo crédito? Foi eleito magistrado sozinho, e o Estado se tornou monárquico; se muitos mais ou menos iguais entre si levavam a melhor sobre todos os demais, foram eleitos conjuntamente, e houve uma aristocracia. Aqueles cuja riqueza ou talentos eram menos desproporcionais e se haviam afastado menos do estado de natureza conservaram em comum a administração suprema e formaram uma democracia. O tempo verificou qual destas formas era a mais vantajosa aos homens. Uns permaneceram unicamente submetidos às leis, outros logo passaram a obedecer a senhores. Os cidadãos quiseram conservar a liberdade, os súditos só se preocuparam em tomá-la dos vizinhos, não podendo suportar que outros gozassem de um bem de que eles mesmos não gozassem. Em suma, por um lado, as riquezas e as conquistas e, por outro, a felicidade e a virtude.

Nestes diversos governos, todas as magistraturas foram inicialmente eletivas, e quando a riqueza não levava a melhor, a preferência era concedida ao mérito, que confere uma ascendência natural, e à idade, que confere a experiência nos negócios e a serenidade nas deliberações. Os anciãos dos hebreus, os gerontes de Esparta, o Senado de Roma, e a mesma etimologia da nossa palavra *Senhor* mostram o quanto, antigamente, a velhice era respeitada. Quanto mais as eleições recaíam sobre homens idosos, mais frequentes se tornavam e mais seus problemas se faziam sentir; introduziram-se as cabalas, formaram-se as facções, exasperaram-se os partidos, deflagraram-se as guerras civis, enfim, o sangue dos cidadãos foi sacrificado à pretensa felicidade do Estado, e se chegou à beira de recair na anarquia dos tempos anteriores. A ambição dos principais aproveitou-se destas circunstâncias para perpetuar seus cargos em suas famílias: o povo, já acostumado à dependência, ao repouso e às comodidades da vida e já incapacitado de quebrar os seus grilhões, consentiu em deixar aumentar a servidão, para fortalecer a tranquilidade, e assim é que os chefes, tornados hereditários, se acostumaram a encarar sua magistratura como um bem de família, a se considerar a si mesmos como os proprietários do Estado de que não eram inicialmente senão os oficiais, a chamar os concidadãos de escravos, a contá-los, como o gado, entre as coisas que lhes pertenciam e a se chamar a si mesmos iguais aos deuses e reis dos reis.

Se acompanharmos o progresso da desigualdade nestas diversas revoluções, descobriremos que o estabelecimento da lei e do direito de propriedade foi o seu primeiro termo, a instituição da magistratura o segundo, que o terceiro e último foi a transformação do poder legítimo em poder arbitrário; assim, o estado de rico e de pobre foi autorizado pela primeira época, o de poderoso e de fraco pela segunda, e pela terceira o de senhor e de escravo, que é o derradeiro grau da desigualdade e o termo em que desembocam, por fim, todas as outras, até que novas revoluções dissolvam completamente o governo ou o reaproximem da instituição legítima.

Para compreender a necessidade deste progresso é preciso menos considerar os motivos do estabelecimento do corpo político do que a forma por ele assumida em sua execução e os inconvenientes que ele acarreta após si: pois os vícios que tornam necessárias as instituições sociais são os mesmos que tornam inevitável o abuso delas; e como, com a única exceção de Esparta, onde a lei velava sobretudo pela educação das crianças e onde Licurgo estabeleceu costumes que quase o dispensavam de a eles acrescentar leis, as leis, em geral menos fortes que as paixões, contêm os homens sem transformá-los; seria fácil provar que todo governo que, sem corromper-se, nem se alterar, se comportasse sempre exatamente segundo o fim da sua instituição teria sido instituído sem necessidade e que um país onde ninguém se furtasse às leis e não abusasse da magistratura não precisaria nem de magistrados, nem de leis.

As distinções políticas provocam necessariamente as distinções civis. Crescendo entre o povo e os seus chefes, a desigualdade logo se faz sentir entre os particulares e ali se modifica de mil maneiras, segundo as paixões, os talentos e as ocorrências. Não poderia o magistrado usurpar um poder ilegítimo sem comparsas, a quem é forçado a ceder parte dele. Os cidadãos, aliás só se deixam oprimir na medida em que, arrastados por uma cega ambição e olhando mais para baixo do que para cima, a dominação se lhes torna preferível à independência e consentem em carregar grilhões para poderem, por sua vez, dá-los a outros. É muito difícil reduzir à obediência aquele que não deseja comandar, e o mais hábil político não conseguiria sujeitar homens que só quisessem ser livres; a desigualdade, porém, estende-se sem problemas entre as almas ambiciosas e covardes, sempre dispostas a correr os riscos da fortuna e a dominar ou servir quase indiferentemente, conforme ela lhes seja favorável ou adversa. Assim é que que deve ter chegado uma hora em que os olhos do povo ficaram a tal ponto fascinados, que aos seus condutores bastava dizer ao menor dos homens: "Sê grande, tu e toda a tua raça", e de imediato ele parecia grande a todos, assim como a seus próprios olhos, e seus descendentes se elevavam ainda mais à medida que se afastavam dele; quanto mais remota e incerta era a causa, mais aumentava o efeito; quanto mais vagabundos houvesse numa família, mais ilustre ela se tornava.

Se este fosse o lugar para entrar em pormenores, eu explicaria com facilidade como a desigualdade de crédito e de autoridade se tornou inevitável entre os particulares, assim que, reunidos numa mesma sociedade, foram forçados a se comparar uns com os outros e de levar em conta as diferenças que observam no uso contínuo que devem fazer uns dos outros. Tais diferenças são de várias espécies, mas sendo, em geral, a riqueza, a nobreza ou a condição, o poder e o mérito pessoal as principais distinções pelas quais somos medidos na sociedade, eu provaria que o acordo ou o conflito destas forças diversas é a mais segura indicação de um Estado bem ou mal constituído. Mostraria que entre estes quatro tipos de desigualdade, sendo as qualidades pessoais a origem de todas as outras, a riqueza é a última a que elas se reduzem por fim, porque, sendo a mais imediatamente útil ao bem-estar e a mais fácil de se comunicar, servimo-nos facilmente dela para comprarmos todo o resto. Observação que pode fazer avaliar com bastante exatidão o quanto cada povo se distanciou da sua instituição primitiva e o caminho por ele percorrido rumo ao termo extremo da corrupção. Observaria o quanto este desejo universal de reputação, de honras e de preferências que nos devora a todos exercita e compara os talentos e as forças, o quanto ele estimula e multiplica as paixões e o quanto, tornando concorrentes, rivais ou antes inimigos todos os homens, ele causa todos os dias revezes, sucessos e catástrofes de toda espécie, fazendo correr a mesma liça tantos pretendentes. Mostraria que é a este desejo de fazermos falar de nós, a este furor de nos distinguirmos que nos mantém quase sempre fora de nós mesmos, que devemos o que há de melhor e de pior entre os homens, as nossas virtudes e os nossos vícios, as nossas ciências e os nossos erros, os nossos conquistadores e os nossos filósofos, ou seja, uma multidão de coisas más sobre um punhado de boas. Provaria, enfim, que se vemos um punhado de poderosos e de ricos no auge das grandezas e da fortuna, ao passo que a multidão rasteja na obscuridade e na miséria, é porque os primeiros só estimam as coisas de que gozam na medida em que os outros delas carecem e, sem mudar de estado, cessariam de ser felizes se o povo deixasse de ser miserável.

Mas só estes pormenores já seriam matéria para um livro considerável, no qual pesaríamos as vantagens e os inconvenientes de todo governo relativamente aos direitos do estado de natureza e onde desvelaríamos todas as diferentes faces sob as quais a desigualdade se mostrou até hoje e poderá mostrar-se nos séculos futuros, segundo a natureza destes governos e as revoluções que o tempo necessariamente trará. Veríamos a multidão oprimida internamente em consequência das precauções mesmas que havia tomado contra o que a ameaçava externamente. Veríamos a opressão crescer continuamente, sem que os oprimidos pudessem jamais saber que fim ela teria, nem quais meios legítimos lhe restavam para detê-la. Veríamos os direitos dos cidadãos e as liberdades nacionais extinguirem-se aos poucos, e os protestos dos fracos tratados como murmúrios sediciosos. Veríamos a política restringir a uma porção mercenária do povo a honra de defender a causa comum: veríamos sair dali a necessidade dos impostos, o cultivador desanimado abandonar o seu campo mesmo durante a paz e deixar o arado para cingir a espada. Veríamos nascerem as regras funestas e esdrúxulas do pundonor. Veríamos os defensores da pátria tornarem-se mais cedo ou mais tarde inimigos, manterem sem cessar o punhal erguido sobre seus concidadãos, e chegaria uma hora em que os ouviríamos dizer ao opressor de seu país:

Pectore si fratris gladium juguloque parentis
Condere me jubeas, gravidaeque in viscera partu
Conjugis, invita peragam tamen omnia dextra.[3]

Da extrema desigualdade das condições e das riquezas, da diversidade das paixões e dos talentos, das artes inúteis, das artes perniciosas, das ciências frívolas sairiam multidões de preconceitos, igualmente contrários à razão, à felicidade e à virtude. Veríamos os chefes fomentarem tudo o que pode debilitar homens reunidos, desunindo-os; tudo o que pode dar à sociedade um aspecto de concórdia aparente e nela semear um germe de divisão real; tudo o que pode inspirar às diferentes ordens uma desconfiança e um ódio mútuos pela oposição dos direitos e dos interesses, e fortalecer, por conseguinte, o poder que os freia a todos.

Do seio desta desordem e destas revoluções, o despotismo, elevando gradualmente a cabeça medonha e devorando tudo o que perceberia de bom e de são em todas as partes do Estado, conseguiria, enfim, esmagar com os pés as leis e o povo e estabelecer-se sobre as ruínas da república. Os tempos que precederiam esta última mudança seriam tempos de perturbações e de calamidades, mas por fim tudo seria engolido pelo monstro, e os povos não teriam mais chefes nem leis, mas apenas tiranos. A partir daí, passariam a deixar de interessar os costumes e a virtude; pois em toda parte onde reina o despotismo, *cui ex honesto nulla est spes*[4], ele não tolera nenhum outro senhor; assim que ele fala, não há nem probidade, nem dever a consultar, e a mais cega obediência é a única virtude que resta aos escravos.

Esta é a última fase da desigualdade, e o ponto extremo que fecha o círculo e toca o ponto de que partimos. Aqui, todos os particulares se tornam de novo iguais, porque não são nada e, já não tendo os súditos outra lei senão a vontade do senhor, nem o senhor outra regra senão as paixões, desvanecem-se novamente as noções do bem e os

---

[3] "Se me ordenares a afundar o gládio no peito de um irmão, na garganta de um pai ou nas entranhas de uma esposa próxima de ser mãe, forçarei a minha mão a obedecer-te." (Lucano, *Farsália*, I, 376).

[4] "Que nada espera do honesto" (de Tácito, *Anais*, V, 3. O texto de Tácito diz "quis nulla ex honesto spes") (NT).

princípios da justiça. Aqui tudo se reduz à mera lei do mais forte e, por conseguinte, a um novo estado de natureza diferente daquele pelo qual começamos, pelo fato de que um era o estado de natureza em sua pureza e este último é o fruto de um excesso de corrupção. Há, aliás, tão pouca diferença entre estes dois estados, e o contrato de governo é de tal forma dissolvido pelo despotismo, que o déspota só é o senhor enquanto for o mais forte e, tão-logo pode ser expulso, nada tem a reclamar contra a violência. A revolta que acaba por estrangular ou destronar um sultão é um ato tão jurídico quanto aqueles pelos quais um dia antes ele dispunha das vidas e dos bens dos súditos. Só a força o mantinha, só a força o derruba; tudo se passa, assim, segundo a ordem natural, e seja qual for o êxito destas breves e frequentes revoluções, ninguém pode queixar-se da injustiça dos outros, mas apenas da própria imprudência ou da infelicidade.

Ao descobrir e seguir assim as trilhas olvidadas e perdidas que do estado natural devem ter levado ao estado civil, restabelecendo, com as posições intermediárias que acabo de assinalar, as que o tempo que me urge me fez suprimir ou que a imaginação não me sugeriu, todo leitor atento não poderá deixar de impressionar-se com o espaço imenso que separa estes dois estados. Nesta lenta sucessão das coisas, ele verá a solução de uma infinidade de problemas de moral e de política que os filósofos não conseguem resolver. Sentirá que, como o gênero humano de uma época não é o gênero humano de outra época, a razão pela qual Diógenes não encontrava um homem é que ele buscava entre os seus contemporâneos o homem de um tempo que não mais havia: Catão, dirá ele, perece com Roma e a liberdade, porque estava deslocado em seu século, e o mais grande dos homens causou apenas espanto no mundo que ele teria governado quinhentos anos antes. Em suma, ele explicará como, alterando-se aos poucos a alma e as paixões humanas, mudam, por assim dizer, de natureza; por que as nossas necessidades e os nossos prazeres mudam de objeto com o tempo; por quê, desvanecendo-se gradualmente o homem original, a sociedade já não oferece aos olhos do sábio senão um agrupamento de homens artificiais e de paixões factícias, que são obra de todas estas novas relações e não têm nenhum verdadeiro fundamento na natureza. O que a reflexão nos ensina a este respeito, confirma-o perfeitamente a observação: o homem selvagem e o homem civilizado diferem tanto pelo fundo do coração e das inclinações, que aquilo que constitui a felicidade suprema de um reduziria o outro ao desespero. O primeiro não respira senão repouso e liberdade, só quer viver e permanecer ocioso, e a mesma ataraxia do estoico não chega perto de sua profunda indiferença por qualquer outro objeto. Ao contrário, o cidadão, sempre ativo, sua, agita-se, atormenta-se sem cessar para buscar ocupações ainda mais laboriosas: trabalha até a morte, corre para ela, até, para ter condições de viver, renuncia à vida para adquirir a imortalidade. Corteja os grandes que odeia e os ricos que despreza; nada poupa para obter a honra de servi-los; gaba-se orgulhosamente de sua baixeza e da proteção deles e, orgulhoso de sua escravidão, fala com desdém dos que não têm a honra de compartilhá-la. Que espetáculo para um caraíba os trabalhos duros e invejados de um ministro europeu! Quantas mortes cruéis não preferiria este indolente selvagem ao horror de semelhante vida, que não raro não é sequer amenizado pelo prazer de agir bem? Mas para ver o alvo de tantas preocupações, seria preciso que estas palavras, *poder* e *reputação* tivessem um sentido em sua mente, que ele aprendesse que existe uma espécie de homens que dão importância aos olhares do resto do universo, que sabem ser felizes e contentes de si mesmos com base no testemunho dos outros, mais do que do seu próprio. Esta é, com efeito, a verdadeira causa de todas estas diferenças: o selvagem vive em si mesmo; o homem sociável, sempre fora de si, só sabe viver na opinião dos outros e é, por assim dizer, do julgamento deles que tira o sentimento de sua própria existência. Não pertence ao meu assunto mostrar como de tal disposição nasce tanta indiferença pelo bem e pelo mal, com tão belos discursos de moral; como, reduzindo-se tudo às aparências, tudo se torna artificial e encenado; honra, amizade, virtude e muitas vezes até os vícios, dos quais encontram finalmente o segredo de se glorificar; como, numa palavra, perguntando sempre aos outros o que somos e não ousando jamais interrogar-nos a nós mesmos a este respeito, no meio de tanta filosofia, tanta humanidade, polidez e máximas sublimes, não temos senão um exterior enganoso e frívolo, honra sem virtude, razão sem sabedoria, prazer sem felicidade. Basta-me ter provado que não é este o estado original do homem e que o espírito da sociedade e a desigualdade por ele gerada é que mudam e alteram assim todas as nossas inclinações naturais.

Procurei expor a origem e o progresso da desigualdade, o estabelecimento e o abuso das sociedades políticas, na medida em que tais coisas podem ser deduzidas da natureza do homem apenas pelas luzes da razão e independentemente dos dogmas sagrados que dão à autoridade soberana a sanção do direito divino. Segue-se desta exposição que a desigualdade, sendo quase nula no estado de natureza, tira a sua força e o seu crescimento do desenvolvimento das nossas faculdades e dos progressos do espírito humano e se torna, enfim, estável e legítima pelo estabelecimento da propriedade e das leis. Segue-se daí também que a desigualdade moral, só autorizada pelo direito positivo, é contrária ao direito natural sempre que ela não concorde em igual proporção com a desigualdade física; distinção que determina suficientemente o que devemos pensar a este respeito da espécie de desigualdade que reina entre todos os povos civilizados; pois é manifestamente contra a lei de natureza, seja como for que a definamos, que a criança mande no velho, o imbecil guie o homem sábio e um punhado de gente transborde de superfluidades enquanto a multidão esfomeada careça do necessário.

Notas

Nota a
Conta Heródoto que depois do assassínio do falso Esmérdis, tendo os sete libertadores da Pérsia se reunido para deliberarem acerca da forma de governo que dariam ao Estado, Otanes opinou energicamente a favor da república; parecer ainda mais extraordinário na boca de um sátrapa porque, além da pretensão que podia ter ao império, os poderosos temem mais do que a morte um tipo de governo que os force a respeitar os homens. Otanes, como é de acreditar, não foi escutado e, vendo que iam proceder à eleição de um monarca, ele, que não queria nem obedecer, nem comandar, cedeu voluntariamente aos outros concorrentes o direito à coroa, pedindo como única compensação ser livre e independente, ele e a sua posteridade, o que lhe foi concedido. Mesmo que Heródoto não nos informasse sobre a restrição imposta a este privilégio, cumpriria necessariamente supô-la; caso contrário, Otanes, não reconhecendo nenhum tipo de lei e não tendo contas a prestar a ninguém, teria sido todo-poderoso no Estado e mais poderosos que o mesmo rei. Mas não parece que um homem capaz de se contentar, em semelhante caso, com tal privilégio fosse capaz de dele abusar. Com efeito, não vemos que este direito tenha jamais causado o menor problema no reino, nem pelo sábio Otanes, nem por nenhum dos seus descendentes.

Nota b
Desde o meu primeiro passo apoio-me com confiança numa destas autoridades respeitáveis[1] para os filósofos, por virem de uma razão sólida e sublime que só eles sabem descobrir e sentir.

---

[1] Georges-Louis Leclerc, conde de Buffon (1707-1788). (NT)

«Por mais interesse que tenhamos em nos conhecer a nós mesmos, não sei se não conhecemos melhor tudo o que não seja nós. Dotados pela natureza de órgãos destinados unicamente à nossa conservação, não os utilizamos senão para receber as impressões estrangeiras, só buscamos expandir-nos para fora e existir fora de nós mesmos ; ocupados demais em multiplicar as funções de nossos sentidos e em aumentar a extensão externa do nosso ser, raramente fazemos uso deste sentido interior que nos reduz às nossas verdadeiras dimensões e separa de nós tudo o que não é nosso. É, porém, deste sentido que devemos servir-nos, se quisermos conhecer-nos; é o único pelo qual possamos julgar-nos. Mas como dar a este sentido a sua atividade e toda a sua extensão? Como afastar de nossa alma, na qual ele reside, todas as ilusões do nosso espírito? Perdemos o hábito de nos valer dela, ela permaneceu sem exercício em meio ao tumulto das nossas sensações corporais, ressecou-se com o fogo das nossas paixões; o coração, o espírito, o sentido, tudo trabalhou contra ela.» *Hist. Nat.* T4, p. 151, *De la Nat. de l'homme*.

Nota c
As mudanças que um longo costume de caminhar sobre dois pés pode ter produzido na conformação do homem, as relações que ainda observamos entre os seus braços e as pernas anteriores dos quadrúpedes e a indução tirada da maneira como eles andam podem ter feito nascer dúvidas sobre qual nos devia ser mais natural. Todas as crianças começam engatinhando de quatro e precisam do nosso exemplo e das nossas lições para aprenderem a ficar de pé. Há até nações selvagens, como os hotentotes, que, negligenciando muito as crianças, as deixam engatinhar por tanto tempo, que em seguida têm muita dificuldade para as reendireitar; o mesmo acontece com os filhos dos caraíbas, nas Antilhas. Há diversos exemplos de homens quadrúpedes, e eu poderia citar entre outros o daquela criança encontrada, em 1344, perto de Hesse, onde fora alimentada por lobos e que dizia mais tarde, na corte do príncipe Henrique que, se tivesse dependido dele, teria preferido retornar para junto deles do que viver entre os homens. Adquirira de tal forma o hábito de caminhar como estes animais, que tiveram de prender a ele uns pedaços de pau que o forçavam a ficar de pé e em equilíbrio sobre os dois pés. O mesmo ocorreu com a criança que encontraram em 1694 nas florestas da Lituânia e que vivia entre os ursos. Ela não mostrava, diz o Sr. de Condillac, nenhum sinal de razão, caminhava sobre os pés e sobre as

mãos, não tinha nenhuma linguagem e formava sons que em nada se assemelhavam aos de um homem. O pequeno selvagem de Hanover que levaram há alguns anos à corte da Inglaterra tinha toda dificuldade do mundo para se sujeitar a caminhar sobre dois pés, e em 1719 encontraram dois outros selvagens nos Pirineus, que corriam pelas montanhas como quadrúpedes. Quanto ao que poderiam objetar, que isto é privar-nos do uso das mãos, de que tiramos tanto proveito, além de o exemplo dos macacos mostrar que a mão pode muito bem ser usada das duas maneiras, isso só provaria que o homem pode dar aos seus membros um emprego mais cômodo do que o da natureza, e não que a natureza tenha destinado o homem a caminhar de um modo diferente do ensinado por ela.

Mas me parece haver razões muito melhores para se sustentar que o homem é bípede. Primeiro, mesmo que se mostrasse que inicialmente ele podia ter outra conformação do que a que nele vemos hoje e, no entanto, tornar-se enfim o que é, isto não seria suficiente para concluir que tal tenha acontecido. Pois após ter mostrado a possibilidade destas mudanças, seria preciso ainda, antes de admiti-lo, mostrar pelo menos a sua verossimilhança. Além disso, se os braços do homem parecem poder ter-lhe servido de pernas quando preciso, esta é a única observação favorável a este sistema, dentre um grande número de outras que lhe são contrárias. As principais são: que a maneira como a cabeça do homem é presa ao seu corpo, em vez de dirigir a sua vista horizontalmente, como todos os outros animais e como ele mesmo ao caminhar de pé, o faria manter, ao andar de quatro, os olhos diretamente voltados para o chão, situação muito pouco favorável à conservação do indivíduo; que a cauda que lhe falta e lhe é inútil ao caminhar sobre os dois pés, é útil aos quadrúpedes, e nenhum deles deixa de tê-la; que o seio da mulher, muito bem situado para um bípede que segura o filho nos braços, o é tão mal para um quadrúpede, que nenhum o tem situado desta maneira; que sendo os membros inferiores de altura excessiva em relação aos dianteiros, o que faz com que ao andarmos de quatro nos arrastemos sobre os joelhos, o todo teria feito um animal mal proporcionado, que caminha com pouca comodidade; que se pusesse o pé horizontalmente, junto com a mão, teria tido no membro posterior uma articulação a menos que os outros animais, a saber, a que une o metacarpo à tíbia, e que, se só colocasse a ponta do pé, como teria sem dúvida sido obrigado a fazer, o tarso, para não falar da pluralidade de ossos que o compõem, parece grande demais para ocupar o lugar do metacarpo, e a suas articulações com o metatarso e a tíbia, próximas de mais para dar à perna humana nesta situação a mesma flexibilidade que têm as dos quadrúpedes. Sendo o exemplo das crianças tomado numa idade onde as forças naturais ainda não estão desenvolvidas, nem os membros firmes, não demonstra absolutamente nada, e seria o mesmo dizer que os cães não estão destinados a caminhar, porque apenas se arrastam por algumas semanas depois de nascerem. Os fatos particulares têm também pouca força contra a prática universal de todos os homens, mesmo das nações que, não tendo tido nenhuma comunicação com as outras, nada poderiam imitar delas. Uma criança abandonada numa floresta antes de poder caminhar, e criada por algum animal, terá seguido o exemplo da sua ama, tratando de caminhar do mesmo modo que ela; o hábito pode ter-lhe dado facilidades que não recebera da natureza; e como alguns manetas conseguem através de exercícios fazer com os pés tudo o que fazemos com as mãos, ela terá conseguido, enfim, usar as mãos em lugar dos pés.

Nota d
Se se encontrasse entre os meus leitores um físico ruim o bastante para objetar contra a minha suposição desta fertilidade natural da terra, responder-lhe-ia com o seguinte trecho:

«Como os vegetais tiram para sua alimentação muito mais substância do ar e da água do que da terra, acontece que, ao apodrecerem, eles devolvem à terra mais do que dela tiraram; a floresta, aliás, retém as águas da chuva, detendo os vapores. Assim, num bosque que conservássemos por muito tempo intocado, a camada de terra que serve para a vegetação aumenteria consideravelmente; mas como os animais devolvem à terra menos do que dela tiram, e como os homens fazem um consumo enorme de madeira e de plantas para o fogo e para outros fins, segue-se daí que a camada de terra vegetal de uma região habitada deve sempre diminuir e tornar-se, enfim, como o solo da Arábia Pétrea e como o de tantas outras províncias do Oriente, que é, de fato, o clima habitado há mais tempo, onde só encontramos sal e areias, pois o sal fixo das plantas e dos animais permanece, enquanto todas as outras partes se volatilizam.» Sr. de Buffon, *Hist. N* Podemos somar a isto a prova de fato pela quantidade de árvores e de plantas de toda espécie de que estavam cheias quase todas as ilhas desertas que foram descobertas nestes últimos séculos, e pelo que a História nos ensina sobre as imensas florestas que foi preciso abater por toda a terra, à medida que ela foi sendo povoada e civilizada. Acerca disto farei ainda as três observações seguintes. Uma, que se há um tipo de vegetação que possa compensar a perda de matéria vegetal que ocorre pelos animais, segundo o raciocínio do Sr. de Buffon, é sobretudo os bosques, cujas copas e as folhas reúnem e se apoderam de mais águas e vapores do que as outras plantas. A segunda, que a destruição do solo, ou seja, a perda da substência própria para a vegetação deve acelerar-se à medida que a terra for mais cultivada e que os habitantes mais industriosos consumirem em maior abundância as suas produções de toda espécie. A minha terceira e mais importante observação é que os frutos das árvores fornecem ao animal um alimento mais abundante do que os outros vegetais podem oferecer-lhe, experiência esta que eu mesmo fiz, comparando os produtos de dois terrenos iguais em tamanho e em qualidade, um coberto de castanheiras e outro de trigo.

Nota e
Entre os quadrúpedes, as duas distinções mais universais das espécies carnívoros se tiram, uma da figura dos dentes e a outra da conformação dos intestinos. Os animais que só vivem de vegetais têm todos os dentes chatos, como o cavalo, o boi, o carneiro, a lebre, mas os carnívoros têm-nos pontudos, como o gato, o cão, o lobo, a raposa. E quanto aos intestinos, os frugívoros têm alguns, como o cólon, que não se encontram nos animais carnívoros. Parece, pois, que o homem, tendo os dentes e os intestinos como os dos animais frugívoros, deveria naturalmente ser classificado nesta classe, e não só as observações anatômicas confirmam esta opinião: mas os monumentos da Antiguidade também lhe são favoráveis. «Dicearco, diz São Jerônimo, relata em seus livros das antiguidades gregas que sob o reinado de Saturno, quando a terra ainda era fértil por si mesma, nenhum homem comia carne, mas todos viviam das frutas e dos legumes que cresciam naturalmente.» (Lib. 2, *Adv. Jovinian.*) Podemos ver com isso que estou deixando de lado muitas vantagens que poderia explorar. Pois sendo a presa praticamente o único motivo de combate entre os animais carniceiros, e vivendo os frugívoros entre si numa paz contínua, se a espécie humana pertencesse a este último gênero, é claro que teria tido muito mais facilidade para subsistir no estado de natureza, muitos menos necessidade e ocasiões de dele sair.

Nota f
Todos os conhecimentos que exigem reflexão, todos os que só se

adquirem pelo encadeamento das ideias e só se aperfeiçoam sucessivamente parecem estar completamente fora do alcance do homem selvagem, na ausência de comunicação com seus semelhantes, ou seja, na falta do instrumento que serve para esta comunicação e das necessidades que o tornam indispensável. Seu saber e a sua indústria limitam-se a saltar, correr, lutar, lançar uma pedra, escalar uma árvore. Mas se só faz estas coisas, em compensação ele as faz muito melhor do que nós, que delas não temos a mesma necessidade que ele; e como dependem unicamente do exercício do corpo e não são suscetíveis de nenhuma comunicação nem de nenhum progresso de um indivíduo a outro, o primeiro homem pode ter sido tão hábil nelas quanto os seus últimos descendentes.

Os relatos dos viajantes estão cheios de exemplos da força e do vigor dos homens nas nações bárbaras e selvagens; elas não louvam menos sua habilidade e sua ligeireza; e como bastam os olhos para observar estas coisas, nada impede que confiemos no que certificam a este respeito testemunhas oculares; tomo ao acaso alguns exemplos dos primeiros livros que me caem entre as mãos.

«Os hotentotes, diz Kolben, entendem mais de pesca do que os europeus do Cabo. Sua habilidade é igual na rede, no anzol e no dardo, tanto nas enseadas como nos rios. Não pegam menos habilmente o peixe com a mão. Têm uma habilidade incomparável para o nado. Sua maneira de nadar tem algo de surpreendente, que lhes é exclusivo. Nadam com o corpo reto e as mãos estendidas para fora da água, de sorte que parecem caminhar sobre a terra. Com o mar mais agitado e quando as ondas formam montanhas, eles dançam, por assim dizer, sobre as vagas, subindo e descendo como um pedaço de cortiça.» «Os hotentotes, diz também o mesmo autor, são de uma habilidade surpreendente na caça, e sua rapidez na corrida ultrapassa a imaginação.» Espanta-se de que eles não façam com mais frequência mau uso de sua agilidade, o que, porém, acontece algumas vezes, como podemos julgar pelo exemplo que nos dá: «Um marujo holandês, ao desembarvar no Cabo, encarregou, diz ele, um hotentote de acompanhá-lo até a cidade com um rolo de tabaco de cerca de vinte libras. Quando estavam ambos a alguma distância da tripulação, o hotentote perguntou ao marujo se sabia correr. Correr ! responde o holandês, sei, sim, muito bem. Vejamos, tornou o africano, e fugindo com o tabaco, desapareceu quase imediatamente. O marujo, confuso com aquela maravilhosa rapidez, nem pensou em segui-lo e nunca mais tornou a ver nem o tabaco, nem o carregador.

"Têm a visão tão rápida e a mão tão certeira, que os europeus nem sequer chegam perto. A cem passos, acertarão com uma pedrada um alvo do tamanho de uma moeda de meio soldo e, o que é mais espantoso é que em vez de fitarem, como nós, os olhos no alvo, fazem contínuos movimentos e contorsões. Parece que a pedra seja levada por uma mão invisível.» O padre du Tertre diz sobre os selvagens das Antilhas mais ou menos as mesmas coisas que acabamos de ler acerca dos hotentotes do cabo da Boa Esperança. Elogia sobretudo a sua precisão em acertar com as flechas os pássaros em pleno voo e os peixes enquanto nadam, que em seguida capturam, mergulhando. Os selvagens da América setentrional não são menos célebres pela força e pela destreza, e eis aqui um exemplo que poderá dar uma ideia das dos índios da América do Sul. No ano de 1746, tendo um índio de Buenos Aires sido condenado às galés em Cádiz, propôs ao governador resgatar sua liberdade expondo a vida numa festa pública. Prometeu que enfrentaria sozinho o mais furioso touro, sem outra arma na mão do que uma corda, que o derrubaria, o laçaria no lugar que lhe indicassem, o selaria, o enfrearia, o montaria e combateria, assim montado, dois outros touros dos mais furiosos, que fariam sair do *torillo* e que os mataria a todos, um após o outro, no momento em que lho ordenassem e sem a ajuda de ninguém; o que lhe foi concedido. O índio honrou a palavra e foi bem-sucedido em tudo o que prometera; sobre a maneira como se portou e sobre todos os pormenores do combate, pode-se consultar o primeiro tomo in-12 das *Observations sur l'Histoire naturelle* do Sr. Gautier, de onde tirei este fato, à página 262.

Nota g
«O tempo de vida dos cavalos, dz o Sr. de Buffon, é, como em todas as outras espécies de animais, proporcional à duração do período de crescimento. O homem, que cresce durante quatorze anos, pode viver seis ou sete vezes esse tempo, ou seja noventa ou cem anos; o cavalo, cujo crescimento se dá em quatro anos, pode viver seis ou sete vezes isso, ou seja, vinte e cinco ou trinta anos. Os exemplos que poderiam contradizer esta regra são tão raros, que não devem sequer ser considerados uma exceção de que possamos tirar consequências; e como os cavalos gordos crescem durante menos tempo que os cavalos esbeltos, vivem também menos tempo e já estão velhos com a idade de quinze anos.»

Nota h

Creio ver entre os animais carnívoros e os frugívoros outra diferença ainda mais geral do que a que observei na nota **e**, pois esta se estende até as aves. Tal diferença consiste no número de filhotes, que jamais passa dos dois em cada parto nas espécies que só vivem de vegetais, e que costuma ir além deste número nos animais carnívoros. A este respeito, é fácil conhecer a destinação da natureza pelo número das mamas, que não passa de dois em cada fêmea da primeira espécie, como a égua, a vaca, a cabra, a corça, a ovelha, etc., e que é sempre de seis ou oito nas outras fêmeas, como a cadela, a gata, a loba, a tigresa, etc. A galinha, a gansa, a pata, que são todas aves vorazes assim como a águia, o gavião, a coruja, também põe e chocam um grande número de ovos, o que não acontece nunca com a pomba, com a rola nem com os pássaros que só se alimentam de grãos, os quais raramente põem e chocam mais de dois ovos por vez. A razão que podemos dar a esta diferença é que os animais que só vivem de ervas e de plantas, permanecendo quase o dia inteiro pastando e sendo forçados a gastar muito tempo na alimentação, não poderiam dar conta de amamentar vários filhotes, ao passo que os carnívoros, que fazem sua refeição muito rápido, podem com maior facilidade e frequência voltar a seus filhotes e à sua caça e reparar o gasto de tamanha quantidade de leite. Haveria sobre tudo isto muitas observações particulares e reflexões a fazer; mas este não é o lugar para isso, e me basta ter mostrado nesta parte o sistema mais geral da natureza, sistema que fornece uma nova razão para tirar o homem da classe dos animais carnívoros e para classificá-lo entre as espécies frugívoras.

Nota i

Um autor célebre, calculando os bens e os males da vida humana e comparando as duas somas, achou que a última superava em muito a primeira e, no total, a vida era para o homem um presente bastante mau. Não me surpreende a conclusão; ele extraiu todos os seus raciocínios do homem civil: se tivesse voltado até o homem natural, é de acreditar que tivesse chegado a resultados muito diferentes, teria percebido que o homem quase só tem os males que ele mesmo se deu e que a natureza teria sido justificada. Não é sem dificuldade que chegamos a nos tornar tão infelizes. Quando, por um lado, consideramos os imensos trabalhos dos homens, tantas ciências aprofundadas, tantas artes inventadas, tantas forças empregadas, abismos preenchidos, montanhas niveladas, rochedos quebrados, rios tornados navegáveis, terras arroteadas, lagos escavados, pântanos secados, edifícios enormes erguidos sobre a terra, o mar coberto de navios e de marinheiros, e quando, por outro, examinamos com um pouco de meditação as verdadeiras vantagens que tudo isso proporcionou para a felicidade da espécie humana, só podemos espantar-nos com a incrível desproporção que reina estre tais coisas, e deplorar a cegueira do homem, que, para alimentar seu louco orgulho e não sei qual vã admiração de si mesmo, o faz correr com ardor atrás de todas as misérias de que é suscetível, e que a benévola natureza cuidara de afastar dele.

Os homens são maus; uma triste e contínua experiência dispensa provas; o homem, entretanto, é naturalmente bom, como creio ter demonstrado; que é pois que pode tê-lo depravado a este ponto, senão as mudanças sobrevindas à sua constituição, os progressos que fez e os conhecimentos que adquiriu? Admirem o quanto quiserem a sociedade humana, não deixa de ser verdade que ela leva necessariamente os homens a se odiarem mutuamente, à medida em que os seus interesees se chocam, a se prestarem uns aos outros serviços aparentes e a provocarem reciprocamente, na realidade, todos os males imagináveis. Que pensar de um comércio onde a razão de cada particular lhe dita máximas diretamente contrárias às que a razão pública prega ao corpo da sociedade e onde cada qual se alegra com a desgraça dos outros? Não há, talvez, nenhum homem rico a quem herdeiros ávidos e muitas vezes seus próprios filhos não desejem em segredo a morte, nenhum navio no mar cujo naufrágio não fosse boa notícia para algum negociante, nenhuma casa que um devedor não gostaria de ver pegar fogo com todos os papéis que contém; nenhum povo que não se rejubile com os desastres dos vizinhos. Assim é que encontramos o nosso proveito no prejuízo dos nossos semelhantes, e que a perda de um faz quase sempre a prosperidade do outro, mas o que há de ainda mais perigoso é que as calamidades públicas são a expectativa e a esperança de um sem-número de particulares. Uns querem doenças, outros a mortalidade, outros a guerra, outros a fome; vi homens horríveis chorarem de dor os prenúncios de um ano fértil, e o grande e funesto incêndio de Londres, que custou a vida ou os bens de tantos infelizes, fez talvez a fortuna de mais de dez mil pessoas. Sei que Montaigne acusa o ateniense Dêmades de ter mandado punir um trabalhador que, vendendo muito caro os caixões, ganhava muito com a morte dos cidadãos, mas sendo a razão alegada por Montaigne que seria preciso punir a todos, é evidente que ela confirma as minhas. Penetremos, pois, através das nossas frívolas demonstrações de benevolência, no que se passa no fundo dos corações e reflitamos sobre o que deve ser um estado de coisas onde todos os homens sejam forçados a se adular e a se destruir mutuamente e onde nasçam inimigos por dever e patifes por interesse. Se me responderem que a sociedade é de tal forma constituída, que cada homem ganha em servir os outros, replicarei que isto seria muito bom se ele não ganhasse ainda mais em prejudicá-los. Não há lucro tão legítimo que não possa ser superado pelo que podemos fazer ilegitimamente, e a injustiça cometida contra o próximo é sempre mais lucrativa que os serviços. Trata-se, pois, simplesmente de descobrir como garantir a impunidade, e é nisto que os poderosos empenham todas as suas forças, e os fracos todas as suas astúcias.

O homem selvagem, depois de jantar, está em paz com toda a natureza, e é amigo de todos os semelhantes. Tem às vezes de disputar a refeição com alguém? Jamais apela para a agressão sem ter antes comparado a dificuldade de vencer com a de encontrar em outra parte o sustento, e como o orgulho não se mistura ao combate, este termina depois de alguns socos. O vencedor come, o vencido vai atrás da própria sorte e tudo está em paz, mas junto ao homem em sociedade, a coisa é muito diferente; é preciso, primeiro, obter o necessário, e depois o supérfluo; em seguida vêm as delícias e depois as imensas riquezas, e depois súditos, e depois escravos; não tem um momento de descanso; o mais curioso é que quanto menos naturais e prementes forem as necessidades, mais aumentam as paixões, e, o que é pior, o poder de satisfazê-las; de sorte que depois de longas prosperidades, depois de ter açambarcado muitos tesouros e amargurado muitos homens, meu heróis acabará por tudo destruir até que seja o senhor único do universo. Este é um resumo do quadro moral, senão da vida humana, pelo menos das pretensões secretas do coração de todo homem civilizado.

Comparai sem preconceitos o estado do homem civil com o do homem selvagem e considerai, se puderdes, o quanto, além da sua maldade, das suas necessidades e das suas misérias, o primeiro abriu novas portas à dor e à morte. Se considerardes as amarguras espirituais que nos consomem, as paixões violentas que nos exaurem e nos deprimem, os trabalhos excessivos de que os pobres são sobrecarregados, a indolência ainda mais perigosa a que se abandonam os ricos, e que fazem com que uns morram de suas necessidades e os outros de seus excessos, se pensardes nas monstruosas misturas de alimentos, em seus perniciosos temperos, nos ingredientes estragados, nas drogas falsificadas, nas patifarias dos que as vendem, nos erros dos que as administram, no veneno dos recipientes em que são preparadas, se prestardes atenção nas doenças epidêmicas geradas pelo mau ar em meio a aglomerações de homens, nas ocasionadas pela delicadeza do nosso modo de vida, as passagens alternativas do interior das nossas casas para o ar livre, o uso de trajes postos ou tirados com quase nenhuma precaução, e todos os cuidados que a nossa sensualidade excessiva transformou em hábitos necessários, cuja negligência ou privação nos custa em seguida a vida ou a saúde, se levardes em conta os incêndios e os terremotos que, consumindo ou destruindo cidades inteiras, fazem perecer os seus habitantes aos milhares, em suma, se reunirdes os perigos que todas estas causas juntam continuamente sobre as nossas cabeças, sentireis o quanto a natureza nos faz pagar caro o desprezo com que tratamos as suas lições.

Não repetirei aqui a respeito da guerra o que dela já disse alhures; mas gostaria que as pessoas instruídas quisessem ou ousassem dar uma vez ao público os pormenores dos horrores que são cometidos nos exércitos pelos fornecedores de víveres e os administradores dos hospitais; veriam que as suas manobras não muito secretas pelas quais os mais brilhantes exércitos se fundem num instante, fazem morrer mais soldados do que os colhidos pelo ferro inimigo. É também um cálculo não menos espantosos o dos homens que o mar engole todos os anos, quer pela fome, quer pelo escorbuto, quer pelos piratas, quer pelo fogo, quer pelos naufrágios. É claro que é preciso pôr também na conta da propriedade estabelecida e, por conseguinte, da sociedade, os assassínios, os envenenamentos, os roubos nas estradas e as punições mesmas destes crimes, punições necessárias para prevenir males maiores, mas que, pelo assassínio de um homem que custa a vida de dois ou mais, não deixam de dobrar realmente a perda da espécie humana. Quantos são os meios vergonhosos de impedir o nascimento dos homens e de iludir a natureza? Quer por estes gostos brutais e depravados que insultam a sua mais encantadora obra, gostos que nem os selvagens nem os animais jamais conheceram, e que não nasceram nos países civilizados senão de uma imaginação corrompida; quer por esses abortos secretos, dignos frutos da devassidão e da honra viciosa; quer pela exposição ou pelo assassínio de uma infinidade de crianças, vítimas da miséria dos pais ou da bárbara vergonha das mães; quer, por fim, pela mutilação desses infelizes, de que parte da existência e toda a posteridade são sacrificadas a vãs canções, ou, o que ainda pior, aos ciúmes brutais de alguns homens, mutilação que neste último caso ultraja duplamente a natureza, tanto pelo tratamento recebido pelos que a sofrem, quanto pelo emprego a que são destinados. Que aconteceria se eu me propusesse mostrar a espécie humana atacada em sua fonte mesma, e até no mais santo de todos os laços, onde não mais se ousa escutar a natureza senão depois de se ter consultado a fortuna e onde, confundindo a desordem civil as virtudes e os vícios, a continência se torna uma precaução criminosa, e a recusa de dar a vida ao semelhante, um ato de humanidade? Mas sem rasgar o véu que cobre tantos horrores, contentemo-nos em indicar o mal a que outros devem trazer o remédio.

Some-se a tudo isso essa quantidade de ofícios malsãos que abreviam os dias ou destróem o temperamento, como os trabalhos nas minas, as diversas preparações dos metais, dos minerais, sobretudo do chumbo, do cobre, do mercúrio, do cobalto, do arsênico, do realgar; estes outros ofícios perigosos que custam todos os dias a vida a grande quantidade de trabalhadores, uns telhadores; outros carpinteiros; outros, pedreiros; outros, trabalhadores de pedreiras; reúnam-se, digo, todos estes objetos e poderemos ver no estabelecimento e na perfeição das sociedades as razões da diminuição da espécie, observada por mais de um filósofo.

O luxo, impossível de impedir entre homens ávidos de suas próprias comodidades e da consideração dos outros, logo conclui o mal que as sociedades começaram, e a pretexto de fazer viver os pobres, algo que não se devia ter feito, empobrece todo o resto e, mais cedo ou mais tarde, despovoa o Estado.

O luxo é um remédio muito pior que o mal que pretende curar; ou melhor, é ele mesmo o pior de todos os males, seja qual for o Estado, grande ou pequeno, em que possa existir, e que, para sustentar a multidão de valetes e de miseráveis que produziu, exaure e arruína o lavrador e o cidadão. Como esses ventos ardentes do Sul, que, cobrindo de insetos devoradores a erva e a verdura, tiram o sustento dos animais úteis e levam a escassez e a morte a todos os lugares em que se fazem sentir.

Da sociedade e do luxo por ela gerado nascem as artes liberais e mecânicas, o comércio, as letras; e todas estas inutilidades que fazem florescer a indústria, enriquecem e perdem os Estados. É muito simples a razão deste exaurimento. É fácil ver que, por natureza, a agricultura deve ser a menos lucrativa de todas as artes; porque, sendo o seu produto o de uso mais indispensável para todos os homens, seu preço deve ser proporcional às possibilidades dos mais pobres. Do mesmo princípio podemos tirar a regra de que em geral as artes são lucrativas na razão inversa da utilidade e que as mais necessárias devem, enfim, tornar-se as mais desdenhadas. Por onde se vê o que devemos pensar das verdadeiras vantagens da indústria e do efeito real que resulta dos seus progresTais são as causas sensíveis de todas as misérias onde a opulência acaba precipitando as nações mais admiradas. À medida que a indústria e as artes artes se estendem e florescem, o cultivador, desprezado, cheio de impostos a pagar, necessários à manutenção do luxo, e condenado a passar a vida entre o trabalho e a fome, abandona os seus campos para ir procurar nas cidades o pão que deveria levar a elas. Quanto mais as capitais enchem de admiração os olhos estúpidos do povo, mais deveríamos gemer ao ver os campos abandonados, as terras sem cultura, e as estradas inundadas de cidadãos infelizes, que se tornaram mendigos ou ladrões, destinados a encerrar um dia a sua miséria sobre a roda ou num monturo. Assim é que o Estado, enriquecendo-se por um lado, se enfraquece e se despovoa por outro, e que as mais poderosas monarquias, depois de muitos esforços para se tornarem opulentas e desertas, acabam tornando-se a presa das nações pobres que sucumbem à funesta tentação de invadi-las, e que se enriquecem e se enfraquecem por sua vez, até serem elas mesmas invadidas e destruídas por outras.

    Dignem-se a nos explicar uma vez o que pode ter produzido aquelas nuvens de bárbaros que durante tantos séculos inundaram a Europa, a Ásia e a África? Deviam à indústria das artes, à sabedoria das leis, à excelência da organização essa prodigiosa população? Digam-nos os nossos cientistas por quê, em vez de se multiplicarem a este ponto, estes homens ferozes e brutais, sem luzes, sem freio, sem educação, não se degolavam todos uns aos outros a cada instante, na disputa dos pastos e da caça? Expliquem-nos apenas como esses miseráveis tiveram a audácia de encarar gente tão hábil como éramos nós, com uma tão bela disciplina militar, tão belos código, e tão sábias leis? Enfim, por quê, desde que a sociedade se aperfeiçoou nos países do Norte e que nelas se teve tanto trabalho para ensinar aos homens seus deveres mútuos e a arte de conviver agradável e pacificamente, não vemos aparecer mais nada de semelhante a estas multidões de homens que ele produzia antigamente? Receio que por fim ocorra a alguém responder-me que todas estas grandes coisas, a saber, as artes, as ciências e as leis, foram mui sabiamente inventadas pelos homens, como uma peste salutar para prevenir a excessiva multiplicação da espécie, para que este mundo que nos é destinado não se tornasse finalmente pequeno demais para os seus habitantes.

Como assim? Será preciso destruir as sociedades, acabar com o teu e o meu, e voltar a viver nas florestas com os ursos? Consequência ao estilo dos meus adversários, que eu gostaria tanto de prevenir quanto de deixar-lhes a vergonha de tirar. Ó vós, a quem a voz celeste não se fez ouvir e que não reconheceis para a vossa espécie outra destinação do que a de acabar em paz esta breve vida, vós que podeis abandonar no meio das cidades as vossas funestas aquisições, os vossos espíritos inquietos, os vossos corações corrompidos e os vossos desejos desenfreados, recuperai, pois depende de vós, a vossa antiga e primeira inocência; ide aos bosques perder a visão e a memória dos crimes de vossos contemporâneos e não temeis aviltar a vossa espécie, renunciando às suas luzes para renunciar aos seus vícios. Quanto aos homens semelhantes a mim, cujas paixões destruíram para sempre a original simplicidade, que não podem mais alimentar-se de ervas e de bolotas, nem dispensar as leis e os chefes, aqueles que foram honrados em seu primeiro pai com lições sobrenaturais, aqueles que verão na intenção de dar inicialmentE às ações humanas uma moralidade que elas há muito não adquirem, a razão de um preceito por si mesmo indiferente e inexplicável em qualquer outro sistema; aqueles, em suma, que estão convencidos de que a voz divina convocou todo o gênero humano às luzes e à felicidade das celestes inteligências, estes tudo farão, pelo exercício das virtudes que se obrigam a praticar, aprendendo a conhecê-las, para merecerem o prêmio eterno que delas devem esperar; respeitarão os sagrados laços das sociedades de que são membros; amarão os semelhantes e os servirão com todas as suas forças; obedecerão escrupulosamente às leis e aos homens que são os autores e os ministros delas, honrarão sobretudo os bons e sábios príncipes que forem capazes de prevenir, curar ou aliviar essa multidão de abusos e de males sempre prontos a nos oprimir, estimularão o zelo desses dignos chefes, mostrando-lhes sem temor e sem adulação a grandeza de sua missão e o rigor de seu dever; mas nem por isso deixarão de desprezar uma constituição que só pode manter-se com a ajuda de tantas gente respeitável, que desejamos mas muitas vezes não obtemos e da qual, apesar de todas as suas atenções, nascem sempre mais calamidades reais do que vantagens aparentes.

Nota j

Dentre os homens que conhecemos, ou pessoalmente, ou por intermédio dos historiadores, ou dos viajantes, uns são negros, outros brancos, outros vermelhos; uns usam cabelos compridos, outros só têm uma lanugem crespa; uns são quase tão peludos como os animais, outros sequer têm barba; houve e talvez ainda haja nações de homens de porte gigantesco, e deixando de lado a fábula dos pigmeus, que pode ser mero exagero, sabemos que os lapões e sobretudo os groenlandeses estão muito acima da altura comum do homem; dizem até que há povos inteiros que têm caudas como os quadrúpedes, e sem dar uma fé cega aos relatos de Heródoto e de Ctésias, podemos pelo menos tirar deles esta opinião muito verossímil: se tivéssemos podido fazer boas observações daqueles tempos antigos, onde os diversos povos adotavam modos de vida mais diferentes entre si do que hoje, teríamos também observado na figura e no hábito do corpo, variedades muito mais impressionantes. Todos estes fatos, de que é fácil fornecer provas incontestáveis, só podem surpreender os que estão acostumados a só considerar os objetos que os rodeiam e ignoram os poderosos efeitos da diversidade dos climas, do ar, dos alimentos, da maneira de viver, dos hábitos em geral, e sobretudo a espantosa força das mesmas causas, quando agem continuamente por uma longa série de gerações. Hoje que o comércio, as viagens e as conquistas unem mais os diversos povos e que suas maneiras de viver se aproximam sem cessar pela comunicação frequente, nos damos conta de que certas diferenças nacionais diminuíram e, por exemplo, todos podem notar que os franceses de hoje não são mais aqueles grandes corpos brancos e louros descritos pelos historiadores latinos, embora o tempo ligado à mistura dos francos e dos normandos, eles mesmos brancos e louros, devesse ter restabelecido o que a frequentação dos romanos podia ter tirado da influência do clima, na constituição natural e na cor da pele dos habitantes. Todas estas observações acerca das variedades que mil causas podem produzir e de fato produziram na espécie humana me fazem suspeitar que diversos animais semelhantes aos homens, tomados pelos viajantes como bestas sem muito exame, ou por causa de algumas diferenças que observassem na conformação exterior, ou simplesmente porque tais animais não falassem, fossem na realidade verdadeiros homens selvagens, cuja raça antigamente dispersa pelos bosques não tivera ocasião de desenvolver nenhuma destas faculdades virtuais, não adquirira nenhum grau de perfeição e se visse ainda no estado primitivo de natureza. Aqui vai um exemplo do que quero dizer.

«Encontra-se, diz o tradutor da *História das Viagens*, no reino do Congo grande quantidade desses grandes animais que chamamo orangotango nas Índias Orientais, que estão como a meio caminho entre a espécie humana e os babuínos. Conta Battel que nas florestas de Mayomba, no reino de Loango, veem-se duas espécies de monstros, dos quais os maiores se chamam Pongos e os outros, Enjokos. Os primeiros têm uma semelhança exata com o homem; mas são muito mais parrudos, além de altíssimos. Com um rosto humano, têm olhos muito escuros. As mãos, as faces, as orelhas não têm pelo, com exceção das sobrancelhas, muito longas. Embora tenham o resto do corpo muito peludo, esse pelo não é muito espesso, e a sua cor é parda. Enfim, a única parte que os distingue dos homens é a perna, que não têm panturrilha. Caminham eretos, segurando com a mão o pelo do pescoço; seu refúgio é no mato; dormem sobre as árvores e constróem uma espécie de teto que os protege da chuva. Seus alimentos são as frutas ou nozes selvagens. Jamais comem carne. Costumam os negros, ao atravessarem as florestas, acender fogueiras durante a noite. Observam que de manhã, quando partem, os pongos tomam seu lugar ao redor do fogo e só vão embora quando o fogo se extingue: pois, tendo muita agilidade, não têm inteligência suficiente para conservá-lo com lenha. Caminham às vezes em bandos e matam os negros que atravessam as florestas. Caem até sobre os elefantes que vêm pastar nos lugares onde habitam e tanto os incomodam a socos e pauladas, que os forçam a fugir, aos berros. Jamais se capturam pongos vivos; porque são tão robustos, que dez homens não bastariam para detê-lo. Os negros, porém, capturam grande quantidade de jovens, depois de matarem a mãe, ao corpo da qual o filhote se agarra com toda força: quando morre um destes animais, os outros cobrem seu corpo com um amontoado de galhos e de folhagem. Acrescenta Purchass que nas conversas que tivera com Battel, ouvira dele mesmo que um pongo lhe raptou um negrinho, que passou um mês inteiro na sociedade desses animais; pois não fazem mal nenhum aos homens que surpreendem, pelo menos quando estes não os observam, como o negrinho havia observado. Battel não descreveu a segunda espécie de monstros.

Confirma Dapper que o reino do Congo está cheio desses animais, chamados nas Índias de orangotango, ou seja, habitantes das matas, e que os africanos chamam de Quojas-Morros. Este animal, diz ele, é tão semelhante ao homem, que ocorreu a alguns viajantes que ele pudesse ter origem no cruzamento de uma mulher com um macaco:

quimera que os mesmos negros rejeitam. Um desses animais foi transportado do Congo para a Holanda e apresentado ao príncipe de Orange, Frederico Henrique. Tinha a altura de uma criança de três anos, porte medíocre, mas sólido e bem proporcionado, muito ágil e muito vivo; pernas carnudas e robustas, toda a parte da frente do corpo nua, mas a traseira coberta de pelos negros. À primeira vista, o rosto se parecia com o de um homem, mas tinha o nariz achatado e encurvado; as orelhas eram também as da espécie humana; o seio, pois era uma fêmea, era rechonchudo, o umbigo afundado, os ombros muito bem articulados, as mãos divididas em dedos e polegares, as panturrilhas e os calcanhares gordos e carnudos. Caminhava muitas vezes ereto sobre as pernas, era capaz de erguer e carregar fardos bastante pesados. Quando queria beber, pegava com uma mão a tampa do pote, e segurava o fundo com a outra. Em seguida, enxugava graciosamente os lábios. Deitava-se para dormir, a cabeça sobre uma almofada, cobrindo-se com tanta destreza, que parecia um homem na cama. Contam os negros estranhas histórias sobre este animal. Garantem não só que violenta as mulheres e as moças, mas que ousa atacar homens armados. Em suma, parece que ele era o sátiro dos antigos. Merolla talvez fale destes animais quando conta que os negros às vezes capturam em suas caças homens e mulheres selvagens.

Fala-se também destas espécies de animais antropoformes no terceiro tomo da mesma *História das Viagens,* sob o nome de Beggos e de Mandrills; mas, para nos limitarmos aos relatos precedentes, encontramos na descrição desses pretensos monstros conformidades impressionantes com a espécie humana, e diferenças menores do que as que poderíamos assinalar entre homem e homem. Não vemos nestes trechos as razões em que os autores se baseiam para recusar aos animais em questão o nome de homens selvagens, mas é fácil conjeturar que é por causa da estupidez deles e também porque não falam; razões fracas para aqueles que sabem que, embora o órgão da palavra seja natural ao homem, a própria palavra não lhe é, porém, natural, e que conhecem até que ponto a sua perfectibilidade pode ter elevado o homem civil acima do seu estado original.O pequeno número de linhas que contêm estas descrições pode-nos dar uma ideia de como esses animais foram mal observados e com que preconceitos foram vistos. Por exemplo, são chamados de monstros, e no entanto concordam que eles procriam. Num trecho, diz Battel que os pongos matam os negros que atravessam as florestas, em outro Purchass acrescenta que não lhes fazem nenhum mal, mesmo quando são surpreendidos; pelo menos quando os negros não ficam a observá-los. Reúnem-se os pongos ao redor de fogueiras acesas pelos negros, quando estes se retiram, e se retiram por sua vez quando o fogo se apaga; estes são os fatos, eis agora o comentário do observador: "Pois com muita destreza, não têm inteligência suficiente para conservá-lo com madeira". Gostaria de adivinhar como Battel ou Purchass, seu compilador, podia saber que o retiro dos pongos era efeito mais da estupidez do que da vontade. Num clima como o de Loango, o fogo não é algo muito necesário aos animais, e se os negros o acendem, é menos contra o frio do que para espantar os animais ferozes; é, portanto, muito simples que, depois de terem-se deleitado durante algum tempo com a chama ou de terem-se aquecido bem, os pongos se aborreçam de permanecer sempre no mesmo lugar e se retirem para o seu pasto, que exige mais tempo do que se comessem carne. Sabemos, aliás, que a maioria dos animais, sem excetuarmos nem mesmo o homem, são naturalmente preguiçosos, e se recusam a todo todo tipo de preocupações, a não ser em caso de absoluta necessidade. Parece, enfim, muito estranho que os pongos, cuja destreza e força são tão elogiadas, os pongos que sabem enterrar seus mortos e fazer tetos de ramagens, não saibam empurrar tições até o fogo. Lembro-me de ter visto um macaco fazer esta mesma manobra que pretendem que os pongos não consigam fazer; é verdade que, não estando as minhas ideias na época voltadas para este lado, cometi eu mesmo o erro que critico em nossos viajantes, e deixei de examinar se a intenção do macaco era de fato conservar o fogo ou simplesmente, como creio, imitar a ação de um homem. Seja como for, está bem demonstrado que o macaco não é uma variedade de homem, não só porque ele não tem a faculdade de falar, mas sobretudo porque não há dúvida de que a sua espécie não tem a de se aperfeiçoar, que é o caráter específico da espécie humana. Experiências estas que não parecem ter sido feitas com o pongo e o orangotango de modo suficientemente cuidadoso para delas se poder tirar alguma conclusão. Haveria, porém, um meio pelo qual, se o orangotango ou outros fossem da espécie humana, os observadores mais grosseiros poderiam ter certeza disso, até de modo demonstrativo; mas além de uma só geração não bastar para tal experiência, ela deve ser tida como impraticável, pois seria preciso que o que não passa de uma suposição fosse demonstrado verdadeiro, antes que a prova que deveria constatar o fato pudesse ser tentada inocentemente.

Os julgamentos precipitados que não são fruto de uma razão esclarecida estão sujeitos a descambar para o excesso. Nossos viajantes transformam sem cerimônia em animais, com os nomes de Pongos, de Mandrills, de Orangotangos, aqueles mesmos seres de que, sob o nome de Sátiros, de Faunos, de Silvanos, os antigos faziam divindades. Talvez depois de pesquisas mais exatas se descobrirá que são homens. Enquanto esperamos, parece-me que há tantas razões para darmos crédito neste ponto a Merolla, religioso culto, testemunha ocular, que, com toda a sua ingenuidade não deixava de ser inteligente, quantas existem para acreditarmo no comerciante Battel, em Dapper, em Purchass e nos outros compiladores. Que julgamento acreditam que tais observadores fariam a respeito da criança encontrada em 1694, de que já falei acima, que não dava nenhum sinal de razão, caminhava sobre os pés e as mãos, não tinha nenhuma linguagem e formava sons que não se assemelhavam em nada aos humanos? Passou muito tempo, continua o mesmo filósofo que me fornece este fato, até poder proferir algumas palavras, e mesmo assim de maneira bárbara. Logo que conseguiu falar, o interrogaram acerca do seu primeiro estado, mas ele não se lembrava de nada, com não nos lembramos do que nos aconteceu no berço. Se infelizmente para ela essa criança tivesse caído nas mãos dos nossos viajantes, não há dúvida de que, depois de observarem o seu silêncio e a sua estupidez, teriam decidido devolvê-la aos bosques ou trancá-la num zoológico; depois disso, teriam doutamente falado sobre ela em belos relatos, como de um animal muito curioso, bastante parecido com homem.

Depois de, trezentos ou quatrocentos anos atrás, os habitantes da Europa inundarem as outras parte do mundo e publicarem sem cessar novas coletâneas de viagens e de relatos, estou convencido de que os únicos homens que conhecemos são os europeus; ainda assim parece pelos preconceitos ridículos que não se extinguiram, mesmo entre os letrados, que cada qual só faz, sob o nome pomposo de estudo do homem, o estudo dos homens de seu próprio país. Por mais que os particulares vão e venham, parece que a filosofia não viaja e, assim, a de cada povo é pouco própria para outro povo. A causa disto é manifesta, pelo menos para as regiões distantes: praticamente só há quatro tipos de homens que façam viagens de longo curso; os marinheiros, os marcadores, os soldados e os missionários. Ora, não devemos esperar que as três primeiras classes forneçam bons observadores, e quanto aos da quarta, ocupados com a vocação sublime que os convoca, ainda que não estivessem sujeitos a preconceitos ligados ao seu estado, como todos os outros, é de crer que não se entregassem de bom grado a pesquisas que parecem de pura curiosidade e que os desviariam dos trabalhos mais importantes a que se destinam. Ademais, para pregar utilmente o Evangelho, basta o zelo e Deus dá o resto, mas para estudar os homens são necessários talentos que Deus não se compromete a dar a ninguém e nem sempre são o quinhão dos santos. Não abrimos um livro de viagens onde não encontremos descrições de caracteres e de costumes; mas nos espantamos em ver que essa gente que tantas coisas descreveu não disse senão o que cada qual já sabia, não souberam enxergar do outro lado do mundo senão o que poderiam ter observado sem saírem da sua rua, e que essas características verdadeiras que distinguem as nações e que impressionam os olhos feitos para ver escaparam quase sempre aos deles. Veio daí este belo adágio de moral, tão repetido pela malta filosofesca, de que os homens são em toda parte os mesmos, que, tendo em toda parte as mesmas paixões e os mesmos vícios, é inútil procurar caracterizar os diferentes povos; o que é mais ou menos tão bem raciocinado como se se dissesse que não poderíamos distinguir Pedro de Tiago, porque têm ambos um nariz, uma boca e dois olhos.

Não veremos jamais renascerem aqueles tempos felizes em que os povos não se vangloriavam de filosofar, mas os Platões, os Tales e os Pitágoras, tomados por um ardente desejo de saber, empreendiam as mais longas viagens só para instruir-se, e iam longe sacudir o jugo dos preconceitos nacionais, aprender a conhecer os homens pelas conformidades e pelas diferenças e adquirir esses conhecimentos universais que não são os de um século ou de um país exclusivamente, mas, sendo de todos os tempos e de todos os lugares, são, por assim dizer a ciência comum dos sábios?

Admiramos a magnificência de alguns curiosos que fizeram ou mandaram fazer com grandes despesas viagens no Oriente com eruditos e pintores, para desenharem ruínas e decifrarem ou copiarem inscrições: mas não consigo entender como, num século em que nos vangloriamos de belos conhecimentos, não se encontrem dois homens muito unidos um ao outro, ricos, um em dinheiro, o outro em gênio, ambos amantes da glória e com aspirações à imortalidade, dos quais um sacrifica vinte mil escudos de seus bens e o outro, dez anos de sua vida numa célebre viagem ao redor do mundo; para estudarem, nem sempre pedras e plantas , mas por uma vez os homens e os costumes, e que, depois de tantos séculos dedicados a medir e observar a casa, lhes ocorra enfim querer conhecer os seus habitantes. Os acadêmicos que percorreram as partes setentrionais da Europa e meridionais da

América tinham por objetivo visitá-las mais como geômetras do que como filósofos. Entretanto, como eram ao mesmo tempo uma e outra coisa, não podemos considerar totalmente desconhecidas as regiões vistas e descritas pelos La Condamines e os Maupertuis. O joalheiro Chardin, que viajou como Platão, nada deixou por dizer acerca da Pérsia; a China parece ter sido bem observada pelos jesuítas. Kempfer dá uma ideia razoável do pouco que viu no Japão. A não ser por estes relatos, não conhecemos os povos das Índias Orientais, frequentadas unicamente por europeus mais interessados em encher os bolsos do que as cabeças. A África inteira e seus numerosos habitantes, tão curiosos pelo caráter quanto pela cor, também ainda estão por examinar; toda a terra está coberta de nações de que só conhecemos os nomes, e mesmo assim ainda ousamos julgar o gênero humano! Suponhamos um Montesquieu, um Buffon, um Diderot, um Duclos, um d'Alembert, um Condillac, ou homens da mesma têmpera, a viajar para instruírem os compatriotas, a observar e a descrever, como sabem tão bem, a Turquia, o Egito, a Barbárie, o império do Marrocos, a Guiné, o país dos Cafres, o interior da África e as suas costas orientais, as Malabares, o Mogol, as margens do Ganges, os reinos de Sião, de Pegu e de Ava, a China, a Tartária e sobretudo o Japão; em seguida, no outro hemisfério, o México, o Peru, o Chile, as Terras magelânicas, sem esquecer os patagões, verdadeiros ou falsos, Tucumán, o Paraguai se possível, o Brasil, enfim as Caraíbas, a Flórida e todas as regiões selvagens, a viagem mais importante de todas e aquela que deveria ser feita com maior atenção; suponhamos que estes novos Hércules, de volta destes passeios memoráveis, fizessem em seguida, sem se apressarem, a história natural, moral e política do que tivessem visto; veríamos nós mesmos sair um mundo novo de sob as suas plumas, e aprenderíamos, então, a conhecer o nosso. Digo que quando tais observadores afirmarem de determinado animal que é um homem, e de outro que é uma besta, devemos crer no que dizem; mas seria uma grande ingenuidade consultarmos a este respeito viajantes grosseiros, sobre os quais somos às vezes tentados a fazer a mesma pergunta que eles pretendem responder acerca dos outros animais.

Nota k

Isto me parece mais do que evidente, e não consigo entender de onde os nossos filósofos podem fazer nascer todas as paixões que atribuem ao homem natural. Salvo apenas o necessário físico, que a natureza mesma exige, todas as nossas outras necessidades não são tais senão pelo hábito, antes do qual elas não eram necessidades, ou por nossos desejos, e não se deseja o que não se pode conhecer. Donde se segue que, como o homem selvagem só deseja as coisas que conhece e só conhece aquelas cuja posse está em seu poder ou é fácil de adquirir, nada deve ser tão tranquilo como a sua alma, e nada tão limitado quanto a sua inteligência.

Nota l
Encontro no *Governo Civil* de Locke uma objeção que me parece especiosa demais para ser-me permitido dissimulá-la. «Como o fim da sociedade entre o macho e a fêmea, diz esse filósofo, não é simplesmente a procriação, mas a continuidade da espécie, tal sociedade deve durar, mesmo depois da procriação, pelo menos o tempo necessário para a nutrição e a conservação dos procriados, ou seja, até que eles sejam capazes de satisfazer eles mesmos as suas necessidades. Esta regra que a sabedoria infinita do Criador estabeleceu para as obras das suas mãos, vemos que as criaturas inferiores ao homem a observam constantemente e com exatidão. Entre esses animais que vivem de erva, a sociedade entre o macho e a fêmea não dura mais do que o tempo da cópula, porque sendo as tetas da mãe suficientes para nutrir os filhotes até que sejam capazes de pastar, o macho contenta-se em gerar e não se interessa depois disso nem pela fêmea, nem pelos filhotes, para o sustento dos quais não pode contribuir em nada. Mas entre os animais predadores, a sociedade dura mais tempo, porque, não podendo a mãe prover ao sustento próprio e ao mesmo tempo alimentar os filhotes só com sua presa, que é um modo de se alimentar mais trabalhoso e mais perigoso do que o de se nutrir de erva, a assistência do macho é totalmente necessária para a conservação de sua comum família, se pudermos usar o termo; a qual, até que possa ir sozinha atrás de alguma presa, só poderia subsistir pelos cuidados do macho e da fêmea. O mesmo se observa em todas as aves, com exceção de algumas domésticas que se acham em lugares onde a contínua abundância de alimentos isenta o macho do trabalho de alimentar os filhotes; vemos que enquanto os filhotes em seu ninho precisam de alimentos, o macho e a fêmea o trazem, até que os filhotes possam voar e cuidar de seu próprio sustento.

"Nisto, a meu ver, consiste a principal, senão a única razão pela qual o macho e a fêmea, no gênero humano, são obrigados a uma sociedade mais longa do que a de outras criaturas. Esta razão é que a mulher pode conceber e engravidar de novo e ter um novo filho muito antes que o anterior esteja em condições de dispensar a ajuda dos pais e prover ele mesmo às próprias necessidades. Assim, como o pai é obrigado a tomar conta dos que gerou, e isto durante muito tempo, tem também a obrigação de continuar a viver na sociedade conjugal com a mesma mulher de quem teve esses filhos, e de permanecer nesta sociedade durante muito mais tempo que as outras criaturas, entre as quais, podendo os filhotes subsistir por si mesmos antes que chegue o tempo de uma nova procriação, o laço do macho e da fêmea se rompe por si mesmo e um que outro se veem em completa liberdade, até que essa estação que costuma estimular os animais a se unirem os obrigue a escolher novas companheiras. E neste ponto nunca poderíamos admirar o bastante a sabedoria do Criador, que, tendo dado ao homem qualidades próprias para cuidar tanto do futuro, quanto do presente, quis e fez com que a sociedade do homem durasse muito mais do que a do macho e da fêmea entre as outras criaturas; para que com isso a indústria do homem e da mulher fosse mais estimulada, e seus interesses fossem mais unidos, com vistas a fazer provisões para os filhos e a lhes deixar bens: como nada pode ser mais prejudicial aos filhos do que uma conjunção incerta e vaga ou uma dissolução fácil e frequente da sociedade conjugal."

O mesmo amor da verdade que me fez expor sinceramente esta objeção me impele a acompanhá-la de algumas observações, senão para resolvê-la, pelo menos para esclarecê-la.

a. Observarei, em primeiro lugar, que as provas morais não têm grande força em matéria de física, e servem mais para explicar fatos existentes do que para constatar e existência real desses fatos. Ora, este é o gênero de prova que o Sr. Locke utiliza no trecho que acabo de citar; pois embora possa ser vantajoso para a espécie humana que a união do homem e da mulher seja permanente, não se segue daí que isto tenha sido assim estabelecido pela natureza, pois senão seria preciso dizer que ela também instituiu a sociedade civil, as artes, o comércio e tudo que pretendemos seja útil aos homens.

b. Ignoro onde o Sr. Locke descobriu que entre os animais predadores a sociedade do macho e da fêmea dura mais do que entre os que vivem de ervas, e que um ajuda o outro a alimentar os filhotes. Pois não consta que o cão, o gato, o urso ou o lobo reconheçam sua fêmea melhor do que o cavalo, o carneiro, o touro, o cervo e todos os outros quadrúpedes reconheçam a deles. Parece, ao contrário, que, se fosse necessária a ajuda do macho à fêmea para conservar os filhotes, isto aconteceria sobretudo nas espécies que só vivem de ervas, porque a mãe precisa de muito tempo para pastar, e durante todo este intervalo ela é forçada a negligenciar a cria, ao passo que a presa de uma ursa ou de uma loba é devorada num instante e ela dispõe, sem passar fome, de mais tempo para amamentar os filhotes. Este raciocínio é confirmado por uma observação acerca do número relativo de tetas e de filhotes que distingue as espécies carnívoras das frugívoras e de que falei na nota 2 da página 167. Se esta observação for justa e geral, como a mulher só tem duas tetas e gera quase sempre só um filho de cada vez, esta é uma forte razão a mais para duvidar de que a espécie humana seja naturalmente carniceira, de sorte que parece que para se chegar à conclusão de Locke, seria preciso virar o seu raciocínio de cabeça para baixo. Não é mais sólida a mesma distinção aplicada às aves. Pois quem poderá convencer-se de que a união do macho e da fêmea seja mais duradoura entre os abutres e os corvos do que entre as rolinhas? Temos duas espécies de aves domésticas, a pata e o pombo, que nos proporcionam exemplos frontalmente contrários ao sistema deste autor. O pombo, que só vive de grãos, permanece unido à fêmea e os dois alimentam seus filhotes em comum. O pato, cuja voracidade é notória, não reconhece nem a fêmea, nem os filhotes e não ajuda em nada no sustento deles, e entre as galinhas, espécie que não é menos carniceira, não vemos que o galo se preocupe com a ninhada. Pois se em outras espécies o macho compartilha com a fêmea o trabalho de alimentar os filhotes, é porque as aves, que primeiro não podem voar e cuja mãe não pode amamentar, têm muito menos condições de dispensar a assistência do pai do que os quadrúpedes, a quem basta a teta da mãe, pelo menos durante certo tempo.

    c. Há muita incerteza sobre o fato principal que serve de base a todo o raciocínio do Sr. Locke. Pois, para saber se, como ele pretende, no puro estado de natureza a mulher sói engravidar novamente e ter um novo filho muito antes que o anterior possa ele mesmo prover às suas necessidades, seriam necessárias experiências que com certeza Locke não fizera e ninguém está em condições de fazer. A coabitação contínua do marido e da mulher é uma ocasião tão proxima de se exporem a nova gravidez, que é muito difícil crer que o encontro fortuito ou o mero impulso do temperamento produza efeitos tão frequentes no puro estado de natureza quanto no da sociedade conjugal; lentidão que ajudaria, talvez, a tornar mais robustas as crianças e, aliás, poderia ser compensada pela faculdade de conceber prolongada até uma idade mais avançada nas mulheres que dela teriam abusado menos na juventude. No que se refere aos filhos, há muitas razões para crer que suas forças e seus órgãos se desenvolveram mais tarde entre nós do que ocorria no estado primitivo a que me refiro. A fraqueza original que eles tiram da constituição dos pais, os cuidados que tomamos para envolver e apertar todos os seus membros, a indolência em que são criados, talvez o uso de outro leite do que o da mãe, tudo neles contraria e retarda os primeiros progressos da natureza. A aplicação que os obrigam a dar a mil coisas para as quais chamam continuamente a sua atenção, enquanto não dão nenhum exercício a suas forças corporais, pode também atrapalhar consideravelmente o crescimento deles; assim, se em vez de começar por sobrecarregar e cansar de mil maneiras as suas mentes, deixassem seus corpos exercitar-se nos movimentos contínuos que a natureza parece exigir, é de crer que ganhariam muito mais rápido a capacidade de caminhar, de agir e de proverem eles mesmos às próprias necessidades.

Enfim, o Sr. Locke prova no máximo que poderia haver no homem um motivo para permanecer apegado à mulher quando tem um filho; mas não prova de modo algum que ele deva ter-se apegado a ela antes do parto e durante os nove meses da gravidez. Se tal mulher é indiferente ao homem durante esses nove meses, se até ela se torna para ele uma desconhecida, por que a ajudará depois do parto? Por que a ajudaria a criar uma criança que ele sequer sabe se lhe pertence e cujo nascimento ele nem decidiu, nem previu? Supõe o Sr. Locke, evidentemente, o que está em questão, pois não se trata de saber por que o homem permanecerá apegado à mulher depois do parto, mas por que se apegará a ela depois da concepção. Satisfeito o apetite, o homem não precisa mais de tal mulher, nem a mulher de tal homem. Este não tem a menor preocupação com as consequências da sua ação, e talvez nem sequer a menor ideia sobre elas. Um vai para um lado, o outro vai para o outro, e nada leva a crer que ao cabo de nove meses guardem a memória de terem-se conhecido, pois esta espécie de memória pela qual um indivíduo dá a preferência a um indivíduo para o ato de geração exige, como provo no texto, mais progresso ou corrupção no entendimento humano do que lhe podemos atribuir no estado de animalidade de que aqui se trata. Outra mulher pode, portanto, satisfazer aos novos desejos do homem tão comodamente quanto a que ele já conheceu, e outro homem satisfazer também à mulher, supondo que ela sinta o mesmo apetite durante o estado de gravidez, algo de que podemos razoavelmente duvidar. Pois se no estado de natureza a mulher não mais experimenta a paixão do amor depois da concepção do filho, o obstáculo à sociedade com o homem torna-se com isso ainda maior, pois então ela não mais precisa nem do homem que a fecundou, nem de nenhum outro. Não há, portanto, no homem nenhuma razão para procurar a mesma mulher, nem na mulher nenhuma razão para buscar o mesmo homem. O raciocínio de Locke cai, pois, em ruínas, e toda a dialética desse filósofo não evita que cometa o erro cometido por Hobbes e por outros. Deviam explicar um fato do estado de natureza, ou seja, de um estado onde os homens viviam isolados e onde tal homem não tinha nenhum motivo para permanecer ao lado de tal homem, nem talvez os homens de permanecerem ao lado uns dos outros, o que é muito pior; e eles não cogitaram transportar-se para além dos séculos de sociedade, ou seja, destes tempos em que os homens têm sempre uma razão para permanecerem perto uns dos outros, e tal homem tem muitas vezes razão de permanecer ao lado de tal homem ou de tal mulher.

Nota m
Evitarei com cuidado, pois, embarcar nas reflexões filosóficas que haveria a fazer acerca das vantagens e dos inconvenientes desta instituição das línguas; não é a mim que permitem atacar os erros vulgares, e povo letrado tem demasiado respeito por seus preconceitos para suportar com paciência os meus supostos paradoxos. Deixemos, pois, falar as pessoas a que não se acusou de crime por ousarem tomar às vezes o partido da razão contra a opinião da multidão. *Nec quidquam felicitati humani generis decederet, pulsa tot linguarum peste e confusione, unam artem callerent mortales, e signis, motibus, gestibusque licitum foret quidvis explicare. Nunc vero ita comparatum est, ut animalium quoe vulgo bruta creduntur, melior longe quam nostra hac in parte videatur conditio, ut pote quoe promptius e forsan felicius, sensus e cogitationes suas sine interprete significent, quam ulli queant mortales, proesertim si peregrino utantur sermone.*[2] Isaac Vossius, *de Poemat. Cant. e Viribus Rythmi*, p.66.

---

[2] "De nada careceria a felicidade do gênero humano se, livrando-se desta peste e desta confusão de tantas línguas, dominassem os mortais uma única arte e se qualquer um pudesse explicar-se por signos, movimentos e gestos. Foi feita já esta comparação: os animais vulgarmente considerados brutos parecem ter uma condição muito melhor do que a nossa, como quando, mais prontamente e quiçá com mais felicidade, exprimem sem intérpretes o sentimento e os pensamentos, como nenhum mortal, principalmente ao usar língua estrangeira" (NT).

Nota n

Mostrando Platão o quanto as ideias de quantidade discreta e de suas relações são necessárias às menores artes, zomba com razão dos autores do seu tempo, que pretendiam que Palamedes inventara os números durante o sítio de Troia, como se, diz o filósofo, Agamemnão tivesse podido ignorar até então quantas pernas tinha. De fato, sentimos a impossibilidade de que a sociedade e as artes tivessem chegado aonde estavam na época do sítio de Troia sem que os homens tivessem o uso dos números e do cálculo: mas a necessidade de conhecer os números antes de adquirir outros conhecimentos não torna mais fácilmente imaginável a sua invenção; uma vez conhecidos os nomes dos números, é fácil explicar o seu sentido e fazer evocar as ideias que tais nomes representam, mas para inventá-los, teria sido preciso, antes de conceber essas mesmas ideias, ter-se, por assim dizer, familiarizado com as meditações filosóficas, ter-se exercitado em considerar os seres apenas pela essência e independentemente de toda outra percepção, abstração muito penosa, muito metafísica, muito pouco natural e sem a qual, porém, tais ideias jamais teriam podido transportar-se de uma espécie ou de um gênero a outro, nem os números tornar-se universais. Podia um selvagem considerar separadamente a perna direita e a perna esquerda, ou considerá-las juntas sob a ideia indivisível de um par, sem jamais pensar que havia duas delas; pois uma coisa é a ideia representativa que nos pinta um objeto, outra coisa a ideia numérica que o determina. Podia muito menos ainda contar até cinco, e embora sobrepondo uma mão à outra, tivesse podido reparar que os dedos se correspondiam exatamente, estava muito longe de pensar em sua igualdade numérica. Não conhecia mais o número de dedos do que o de cabelos e se, depois de fazê-lo entender o que são os números, alguém lhe houvesse dito que ele tinha tantos dedos nos pés quanto nas mãos, ele muito se surpreenderia, ao compará-los, em descobrir que era verdade.

Nota o

Não devemos confundir o amor-próprio e o amor de si mesmo; duas paixões muito diferentes por natureza e pelos efeitos. O amor de si mesmo é um sentimento natural, que leva todo animal a velar por sua própria conservação e, dirigido no homem pela razão e modificado pela piedade, produz a humanidade e a virtude. O amor-próprio não passa de um sentimento relativo, artificial e nascido na sociedade, que leva cada indivíduo a dar mais importância a si mesmo do que a qualquer outra pessoa, que inspira aos homens todos os males feitos por eles uns aos outros e é a verdadeira fonte da honra.

Uma vez bem entendido isto, digo que em nosso estado primitivo, no verdadeiro estado de natureza, o amor-próprio não existe. Pois, considerando-se cada homem em particular a si mesmo o único espectador que o observa, o único ser no universo interessado nele, o único juiz de seu próprio mérito, não é possível que um sentimento que tem origem em comparações que ele não está em condições de fazer possa germinar em sua alma; pela mesma razão, tal homem não poderia ter nem ódio, nem desejo de vingança, paixões que só podem nascer da opinião de alguma ofensa recebida; e como o que constitui a ofensa é o desprezo ou a intenção de prejudicar e não o mal, homens que não sabem nem se apreciar nem se comparar podem cometer muitas violências mútuas quando tiram disso alguma vantagem, sem jamais ofender-se reciprocamente. Em suma, não vendo cada homem os seus semelhantes senão como veria animais de outra espécie, pode subtrair a presa ao mais fraco ou ceder a sua ao mais forte, sem encarar essas rapinas senão como acontecimentos naturais, sem a menor reação de insolência ou de despeito, e sem outra paixão senão a dor ou a alegria de um bom ou mau sucesso.

Nota p

É algo extremamente notável que depois de tantos anos em que os europeus se atormentam para trazer os selvagens das diversas partes do mundo a seu modo de vida, ainda não tenham conseguido conquistar um único deles, nem mesmo com o auxílio do cristianismo; pois os nossos missionários às vezes fazem deles cristãos, mas jamais homens civilizados. Nada pode superar a invencível repugnância que eles sentem contra adotarem os nossos costumes e viverem ao nosso modo. Se esses pobres selvagens são tão infelizes como se pretende, por que inconcebível depravação de julgamento recusam eles constantemente organizar-se à nossa maneira ou aprender a viver felizes entre nós; enquanto vemos em mil lugares que franceses e outros europeus se refugiaram voluntariamente entre essas nações, nelas passaram a vida inteira, sem poderem mais deixar um tão estranho modo de vida, e vemos até missionários sensatos falarem com ternura das saudades que sentem dos dias calmos e inocentes que passaram em meio a estes povos tão desprezados? Se responderem que eles não têm luzes suficientes para julgar de modo são o seu estado e o nosso, replicarei que a avaliação da felicidade cabe menos à razão do que ao sentimento. Esta resposta, aliás, pode ser retorquida contra nós com ainda mais força; pois há maior distância de nossas ideias à disposição de espírito em que se deveria estar para conceber o gosto que os selvagens têm pela sua maneira de viver do que das ideias dos selvagens às que lhes podem fazer entender a nossa. Com efeito, depois de algumas observações, é fácil para eles ver que todos os nossos esforços têm apenas dois objetivos, a saber, para si as comodidades da vida e entre os outros a consideração. Mas a maneira para nós de imaginarmos o tipo de prazer que um selvagem experimenta em passar a vida sozinho no meio do mato ou pescando, ou soprando uma flauta precária, sem jamais saber tirar dela um único tom e sem se preocupar em aprender?

Muitas vezes foram trazidos selvagens a Paris, a Londres e a outras cidades; apressaram-se em exibir-lhes o nosso luxo, as nossas riquezas e todas as nossas artes mais úteis e mais curiosas; tudo isto jamais despertou entre eles mais do que uma admiração estúpida, sem o menor impulso de cobiça. Lembra-me entre outras a história de um chefe de uns americanos setentrionais que foi levado à corte da Inglaterra cerca de trinta anos atrás. Fizeram passar mil coisas diante dos seus olhos para encontrar algum presente que lhe pudesse agradar, sem que descobrissem nada que parecesse interessar-lhe. Nossas armas pareciam-lhe pesadas e incômodas, nossos sapatos feriam-lhe os pés, nossas roupas o incomodavam, ele recusava tudo; por fim, perceberam que, tendo pegado uma coberta de lã, ele parecia sentir prazer em cobrir com ela os ombros; agrada-vos, pelo menos, disseram-lhe imediatamente, a utilidade deste objeto? Sim, respondeu ele, isto me parece quase tão bom quanto uma pele de animal. Mesmo assim, ele não teria dito isto se tivesse exposto uma e outra à chuva.

Talvez me dirão que o hábito, apegando cada qual à sua maneira de viver, impede os selvagens de sentir o que há de bom na nossa. Neste caso, deve parecer pelo menos muito extraordinário que o hábito tenha mais força para manter os selvagens na apreciação de sua miséria do que os europeus no gozo da sua felicidade. Mas para dar a esta última objeção uma resposta a que não haja sequer uma palavra a replicar, sem mencionar todos o jovens selvagens que se empenharam inutilmente em civilizar; sem falar dos groenlandeses e dos habitantes da Islândia, que tentaram criar e sustentar na Dinamarca e que a tristeza e o desespero mataram, quer de abatimento, quer no mar, onde haviam tentado voltar a seu país a nado; contentar-me-ei em citar um único exemplo bem documentado e que apresento ao exame dos admiradores da civilização europeia.

«Todos os esforços dos missionários holandeses do cabo da Boa Esperança jamais foram capazes de converter um único hotentote. Van der Stel, governador do Cabo, tendo tomado consigo um deles desde a infância, fê-lo criar nos princípios da religião cristã e na prática dos costumes da Europa. Foi vestido ricamente, ensinaram-lhe várias línguas e os seus progressos reagiram muito bem à atenção que se deu à sua educação. O governador, com muitas esperanças em sua inteligência, enviou-o às Índias com um comissário geral, que o empregou utilmente nos negócios da Companhia. Ele voltou ao Cabo após a morte do comissário. Poucos dias depois do retorno, numa visita que fez a alguns hotentotes seus parentes, decidiu despojar-se do traje europeu para vestir uma pele de ovelha. Retornou ao forte em seus novos trajes, carregando um pacote que continha a sua antiga vestimenta e, apresentando-o ao governador, lhe disse as seguintes palavras (vide o frontispício). «Tende a bondade, Senhor, de observar que renuncio para sempre a estes trajes, e renuncio também para toda a vida à religião cristã. Minha decisão é viver e morrer na religião, nas maneiras e nos costumes dos meus antepassados. Peço-vos a única graça de me deixarem o colar e o cutelo que trago comigo. Conserva-los-ei por amor de vós.» Imediatamente, sem aguardar a resposta de Van der Stel, ele escapuliu e jamais tornaram a vê-lo no Cabo» *Histoire des Voyages*, tomo 5, p.

Nota q
Poderiam objetar-me que em semelhante desordem os homens, em vez de se degolarem uns aos outros teimosamente, se teriam espalhado, não havendo limites à sua dispersão. Mas, em primeiro lugar, tais limites teriam pelo menos sido os do mundo, e se tivermo em mente a excessiva população que resulta do estado de natureza, veremos que a terra, neste estado, não teria tardado a ficar coberta de homens, assim forçados a se manter reunidos. Eles se haveriam dispersado, aliás, se o mal tivesse sido rápido e se tivesse sido uma mudança feita de um dia para o outro; eles nasciam, porém, sob o jugo; tinham o hábito de carregá-lo quando sentiam o seu peso, e se contentavam em aguardar uma ocasião para sacudi-lo. Enfim, já acostumados com mil comodidades que os forçavam a se manter reunidos, a dispersão já não era tão fácil quanto nos primeiros tempos, quando,

como ninguém precisava senão de si mesmo, cada qual cuidava de sua vida sem esperar o consentimento de outro.

Nota r

O marechal de V*** contava que, numa de suas campanhas, tendo as excessivas patifarias de um fornecedor de víveres feito sofrer e murmurar o exército, ele o repreendeu duramente e ameaçou mandar enforcá-lo. Essa ameaça não me diz respeito, respondeu audaciosamente o malandro, e folgo em voz dizer que não se enforca um homem que dispõe de cem mil escudos. Não sei como a coisa se passou, acrescentava ingenuamente o marechal, mas de fato ele não foi enforcado, embora o tivesse cem vezes merecido.

Nota s

Opor-se-ia a justiça distributiva a esta igualdade rigorosa do estado de natureza, mesmo que fosse praticável na sociedade civil; e como todos os membros do Estado lhe devem serviços proporcionais aos seus talentos e às suas forças, os cidadãos, por sua vez, devem ser distinguidos e favorecidos proporcionalmente aos serviços prestados. Neste sentido é que devemos entender um trecho de Isócrates, em que ele louva os primeiros atenienses por terem sido capazes de distinguir qual era a mais vantajosa das duas espécies de igualdade, uma que consiste em fazer participar todos os cidadãos indiferentemente das mesmas vantagens, e a outra, em distribuí-las segundo o mérito de cada um. Estes políticos hábeis, acrescenta o orador, ao banirem essa injusta igualdade que não admite nenhuma diferença entre os maus e as pessoas de bem, apegaram-se resolutamente à que recompensa e pune cada um segundo seu mérito. Mas, em primeiro lugar, jamais existiu nenhuma sociedade, seja qual for o grau de corrupção que elas possam ter alcançado, em que não se fizesse nenhuma diferença entre os maus e as pessoas de bem; e em matéria de costumes, em que a lei não pode definir uma medida bastante exata para servir de regra ao magistrado, com muita sabedoria, para não deixar a sorte ou a condição dos cidadãos à sua mercê, ela lhe proíbe o julgamento das pessoas, para lhe deixar somente o dos atos. Só mesmo costumes tão puros como os dos antigos romanos podem suportar censores, e entre nós tais tribunais logo teriam posto tudo de cabeça para baixo: cabe à estima pública estabelecer a diferença entre os maus e as pessoas de bem; o magistrado só é juiz do direito rigoroso; mas o povo é o verdadeiro juiz dos costumes; juiz íntegro e até esclarecido sobre este ponto, que por vezes conseguem enganar, mas jamais corromper. As condições dos cidadãos devem, portanto, ser reguladas não com base no mérito pessoal, o que seria deixar ao magistrado os meios de fazer uma aplicação quase arbitrária da lei, mas com base nos serviços reais que eles prestam ao Estado e que são suscetíveis de avaliação mais exata.

Sumário

Discurso sobre as Ciências e as Artes

Advertência 15
Prefácio 17
Discurso 19
Primeira parte 21
Segunda parte 31
Observação de Jean-Jacques Rousseau Sobre a resposta dada
 ao seu discurso Resposta a Stanislas 45

Discurso sobre a origem e os fundamentos da desigualdade entre os homens

À República de Genebra 69
Prefácio 79
Questão proposta pela Academia de Dijon 85
Advertência sobre as notas 87
Discurso sobre a origem e os fundamentos da desigualdade
 entre os homens 89
Primeira parte 93
Segunda parte 119
Notas 147

Os Objetivos, a Filosofia e a Missão da Editora Martin Claret

O principal Objetivo da MARTIN CLARET é continuar a desenvolver uma grande e poderosa empresa editorial brasileira, para melhor servir a seus leitores.

A Filosofia de trabalho da MARTIN CLARET consiste em criar, inovar, produzir e distribuir, sinergicamente, livros da melhor qualidade editorial e gráfica, para o maior número de leitores e por um preço economicamente acessível.

A Missão da MARTIN CLARET é conscientizar e motivar as pessoas a desenvolver e utilizar o seu pleno potencial espiritual, mental, emocional e social.

A MARTIN CLARET está empenhada em contribuir para a difusão da educação e da cultura, por meio da democratização do livro, usando todos os canais ortodoxos e heterodoxos de comercialização.

A MARTIN CLARET, em sua missão empresarial, acredita na verdadeira função do livro: o livro muda as pessoas.

A MARTIN CLARET, em sua vocação educacional, deseja, por meio do livro, claretizar, otimizar e iluminar a vida das pessoas.

Revolucione-se: leia mais para ser mais!

MARTIN CLARET

Relação dos Volumes Publicados

1. **Dom Casmurro**
   Machado de Assis
2. **O Príncipe**
   Maquiavel
3. **Mensagem**
   Fernando Pessoa
4. **O Lobo do Mar**
   Jack London
5. **A Arte da Prudência**
   Baltasar Gracián
6. **Iracema / Cinco Minutos**
   José de Alencar
7. **Inocência**
   Visconde de Taunay
8. **A Mulher de 30 Anos**
   Honoré de Balzac
9. **A Moreninha**
   Joaquim Manuel de Macedo
10. **A Escrava Isaura**
    Bernardo Guimarães
11. **As Viagens - "Il Milione"**
    Marco Polo
12. **O Retrato de Dorian Gray**
    Oscar Wilde
13. **A Volta ao Mundo em 80 Dias**
    Júlio Verne
14. **A Carne**
    Júlio Ribeiro
15. **Amor de Perdição**
    Camilo Castelo Branco
16. **Sonetos**
    Luís de Camões
17. **O Guarani**
    José de Alencar
18. **Memórias Póstumas de Brás Cubas**
    Machado de Assis
19. **Lira dos Vinte Anos**
    Álvares de Azevedo
20. **Apologia de Sócrates / Banquete**
    Platão
21. **A Metamorfose / Um Artista da Fome / Carta a Meu Pai**
    Franz Kafka
22. **Assim Falou Zaratustra**
    Friedrich Nietzsche
23. **Triste Fim de Policarpo Quaresma**
    Lima Barreto
24. **A Ilustre Casa de Ramires**
    Eça de Queirós
25. **Memórias de um Sargento de Milícias**
    Manuel Antônio de Almeida
26. **Robinson Crusoé**
    Daniel Defoe
27. **Espumas Flutuantes**
    Castro Alves
28. **O Ateneu**
    Raul Pompéia
29. **O Noviço / O Juiz de Paz da Roça / Quem Casa Quer Casa**
    Martins Pena
30. **A Relíquia**
    Eça de Queirós
31. **O Jogador**
    Dostoiévski
32. **Histórias Extraordinárias**
    Edgar Allan Poe
33. **Os Lusíadas**
    Luís de Camões
34. **As Aventuras de Tom Sawyer**
    Mark Twain
35. **Bola de Sebo e Outros Contos**
    Guy de Maupassant
36. **A República**
    Platão
37. **Elogio da Loucura**
    Erasmo de Rotterdam
38. **Caninos Brancos**
    Jack London
39. **Hamlet**
    William Shakespeare
40. **A Utopia**
    Thomas More
41. **O Processo**
    Franz Kafka
42. **O Médico e o Monstro**
    Robert Louis Stevenson
43. **Ecce Homo**
    Friedrich Nietzsche
44. **O Manifesto do Partido Comunista**
    Marx e Engels
45. **Discurso do Método / Regras para a Direção do Espírito**
    René Descartes
46. **Do Contrato Social**
    Jean-Jacques Rousseau
47. **A Luta pelo Direito**
    Rudolf von Ihering
48. **Dos Delitos e das Penas**
    Cesare Beccaria
49. **A Ética Protestante e o Espírito do Capitalismo**
    Max Weber
50. **O Anticristo**
    Friedrich Nietzsche
51. **Os Sofrimentos do Jovem Werther**
    Goethe
52. **As Flores do Mal**
    Charles Baudelaire
53. **Ética a Nicômaco**
    Aristóteles
54. **A Arte da Guerra**
    Sun Tzu
55. **Imitação de Cristo**
    Tomás de Kempis
56. **Cândido ou o Otimismo**
    Voltaire
57. **Rei Lear**
    William Shakespeare
58. **Frankenstein**
    Mary Shelley
59. **Quincas Borba**
    Machado de Assis
60. **Fedro**
    Platão
61. **Política**
    Aristóteles
62. **A Viuvinha / Encarnação**
    José de Alencar
63. **As Regras do Método Sociológico**
    Émile Durkheim
64. **O Cão dos Baskervilles**
    Sir Arthur Conan Doyle
65. **Contos Escolhidos**
    Machado de Assis
66. **Da Morte / Metafísica do Amor / Do Sofrimento do Mundo**
    Arthur Schopenhauer
67. **As Minas do Rei Salomão**
    Henry Rider Haggard
68. **Manuscritos Econômico-Filosóficos**
    Karl Marx
69. **Um Estudo em Vermelho**
    Sir Arthur Conan Doyle
70. **Meditações**
    Marco Aurélio
71. **A Vida das Abelhas**
    Maurice Materlinck
72. **O Cortiço**
    Aluísio Azevedo
73. **Senhora**
    José de Alencar
74. **Brás, Bexiga e Barra Funda / Laranja da China**
    Antônio de Alcântara Machado
75. **Eugênia Grandet**
    Honoré de Balzac
76. **Contos Gauchescos**
    João Simões Lopes Neto
77. **Esaú e Jacó**
    Machado de Assis
78. **O Desespero Humano**
    Sören Kierkegaard
79. **Dos Deveres**
    Cícero
80. **Ciência e Política**
    Max Weber
81. **Satíricon**
    Petrônio
82. **Eu e Outras Poesias**
    Augusto dos Anjos
83. **Farsa de Inês Pereira / Auto da Barca do Inferno / Auto da Alma**
    Gil Vicente
84. **A Desobediência Civil e Outros Escritos**
    Henry David Toreau
85. **Para Além do Bem e do Mal**
    Friedrich Nietzsche
86. **A Ilha do Tesouro**
    R. Louis Stevenson
87. **Marília de Dirceu**
    Tomás A. Gonzaga
88. **As Aventuras de Pinóquio**
    Carlo Collodi
89. **Segundo Tratado Sobre o Governo**
    John Locke
90. **Amor de Salvação**
    Camilo Castelo Branco
91. **Broquéis / Faróis / Últimos Sonetos**
    Cruz e Souza
92. **I-Juca-Pirama / Os Timbiras / Outros Poemas**
    Gonçalves Dias
93. **Romeu e Julieta**
    William Shakespeare
94. **A Capital Federal**
    Arthur Azevedo
95. **Diário de um Sedutor**
    Sören Kierkegaard

96. **Carta de Pero Vaz de Caminha a El-Rei Sobre o Achamento do Brasil**
97. **Casa de Pensão**
    Aluísio Azevedo
98. **Macbeth**
    William Shakespeare
99. **Édipo Rei/Antígona**
    Sófocles
100. **Lucíola**
    José de Alencar
101. **As Aventuras de Sherlock Holmes**
    Sir Arthur Conan Doyle
102. **Bom-Crioulo**
    Adolfo Caminha
103. **Helena**
    Machado de Assis
104. **Poemas Satíricos**
    Gregório de Matos
105. **Escritos Políticos / A Arte da Guerra**
    Maquiavel
106. **Ubirajara**
    José de Alencar
107. **Diva**
    José de Alencar
108. **Eurico, o Presbítero**
    Alexandre Herculano
109. **Os Melhores Contos**
    Lima Barreto
110. **A Luneta Mágica**
    Joaquim Manuel de Macedo
111. **Fundamentação da Metafísica dos Costumes e Outros Escritos**
    Immanuel Kant
112. **O Príncipe e o Mendigo**
    Mark Twain
113. **O Domínio de Si Mesmo Pela Auto-Sugestão Consciente**
    Émile Coué
114. **O Mulato**
    Aluísio Azevedo
115. **Sonetos**
    Florbela Espanca
116. **Uma Estadia no Inferno / Poemas / Carta do Vidente**
    Arthur Rimbaud
117. **Várias Histórias**
    Machado de Assis
118. **Fédon**
    Platão
119. **Poesias**
    Olavo Bilac
120. **A Conduta para a Vida**
    Ralph Waldo Emerson
121. **O Livro Vermelho**
    Mao Tsé-Tung
122. **Oração aos Moços**
    Rui Barbosa
123. **Otelo, o Mouro de Veneza**
    William Shakespeare
124. **Ensaios**
    Ralph Waldo Emerson
125. **De Profundis / Balada do Cárcere de Reading**
    Oscar Wilde
126. **Crítica da Razão Prática**
    Immanuel Kant
127. **A Arte de Amar**
    Ovídio Naso
128. **O Tartufo ou O Impostor**
    Molière
129. **Metamorfoses**
    Ovídio Naso
130. **A Gaia Ciência**
    Friedrich Nietzsche
131. **O Doente Imaginário**
    Molière
132. **Uma Lágrima de Mulher**
    Aluísio Azevedo
133. **O Último Adeus de Sherlock Holmes**
    Sir Arthur Conan Doyle
134. **Canudos - Diário de Uma Expedição**
    Euclides da Cunha
135. **A Doutrina de Buda**
    Siddharta Gautama
136. **Tao Te Ching**
    Lao-Tsé
137. **Da Monarquia / Vida Nova**
    Dante Alighieri
138. **A Brasileira de Prazins**
    Camilo Castelo Branco
139. **O Velho da Horta/Quem Tem Farelos?/Auto da Índia**
    Gil Vicente
140. **O Seminarista**
    Bernardo Guimarães
141. **O Alienista / Casa Velha**
    Machado de Assis
142. **Sonetos**
    Manuel du Bocage
143. **O Mandarim**
    Eça de Queirós
144. **Noite na Taverna / Macário**
    Álvares de Azevedo
145. **Viagens na Minha Terra**
    Almeida Garrett
146. **Sermões Escolhidos**
    Padre Antonio Vieira
147. **Os Escravos**
    Castro Alves
148. **O Demônio Familiar**
    José de Alencar
149. **A Mandrágora / Belfagor, o Arquidiabo**
    Maquiavel
150. **O Homem**
    Aluísio Azevedo
151. **Arte Poética**
    Aristóteles
152. **A Megera Domada**
    William Shakespeare
153. **Alceste/Electra/Hipólito**
    Eurípedes
154. **O Sermão da Montanha**
    Huberto Rohden
155. **O Cabeleira**
    Franklin Távora
156. **Rubáiyát**
    Omar Khayyám
157. **Luzia-Homem**
    Domingos Olímpio
158. **A Cidade e as Serras**
    Eça de Queirós
159. **A Retirada da Laguna**
    Visconde de Taunay
160. **A Viagem ao Centro da Terra**
    Júlio Verne
161. **Caramuru**
    Frei Santa Rita Durão
162. **Clara dos Anjos**
    Lima Barreto
163. **Memorial de Aires**
    Machado de Assis
164. **Bhagavad Gita**
    Krishna
165. **O Profeta**
    Khalil Gibran
166. **Aforismos**
    Hipócrates
167. **Kama Sutra**
    Vatsyayana
168. **O Livro da Jângal**
    Rudyard Kipling
169. **De Alma para Alma**
    Huberto Rohden
170. **Orações**
    Cícero
171. **Sabedoria das Parábolas**
    Huberto Rohden
172. **Salomé**
    Oscar Wilde
173. **Do Cidadão**
    Thomas Hobbes
174. **Porque Sofremos**
    Huberto Rohden
175. **Einstein: o Enigma do Universo**
    Huberto Rohden
176. **A Mensagem Viva do Cristo**
    Huberto Rohden
177. **Mahatma Gandhi**
    Huberto Rohden
178. **A Cidade do Sol**
    Tommaso Campanella
179. **Setas para o Infinito**
    Huberto Rohden
180. **A Voz do Silêncio**
    Helena Blavatsky
181. **Frei Luís de Sousa**
    Almeida Garrett
182. **Fábulas**
    Esopo
183. **Cântico de Natal/Os Carrilhões**
    Charles Dickens
184. **Contos**
    Eça de Queirós
185. **O Pai Goriot**
    Honoré de Balzac
186. **Noites Brancas e Outras Histórias**
    Dostoiévski
187. **Minha Formação**
    Joaquim Nabuco
188. **Pragmatismo**
    William James
189. **Discursos Forenses**
    Enrico Ferri
190. **Medéia**
    Eurípedes
191. **Discursos de Acusação**
    Enrico Ferri
192. **A Ideologia Alemã**
    Marx & Engels
193. **Prometeu Acorrentado**
    Ésquilo
194. **Iaiá Garcia**
    Machado de Assis
195. **Discursos no Instituto dos Advogados Brasileiros / Discurso no Colégio Anchieta**
    Rui Barbosa

196. **Édipo em Colono**
	Sófocles
197. **A Arte de Curar pelo Espírito**
	Joel S. Goldsmith
198. **Jesus, o Filho do Homem**
	Khalil Gibran
199. **Discurso sobre a Origem e os Fundamentos da Desigualdade entre os Homens**
	Jean-Jacques Rousseau
200. **Fábulas**
	La Fontaine
201. **O Sonho de uma Noite de Verão**
	William Shakespeare
202. **Maquiavel, o Poder**
	José Nivaldo Junior
203. **Ressurreição**
	Machado de Assis
204. **O Caminho da Felicidade**
	Huberto Rohden
205. **A Velhice do Padre Eterno**
	Guerra Junqueiro
206. **O Sertanejo**
	José de Alencar
207. **Gitanjali**
	Rabindranath Tagore
208. **Senso Comum**
	Thomas Paine
209. **Canaã**
	Graça Aranha
210. **O Caminho Infinito**
	Joel S. Goldsmith
211. **Pensamentos**
	Epicuro
212. **A Letra Escarlate**
	Nathaniel Hawthorne
213. **Autobiografia**
	Benjamin Franklin
214. **Memórias de Sherlock Holmes**
	Sir Arthur Conan Doyle
215. **O Dever do Advogado / Posse de Direitos Pessoais**
	Rui Barbosa
216. **O Tronco do Ipê**
	José de Alencar
217. **O Amante de Lady Chatterley**
	D. H. Lawrence
218. **Contos Amazônicos**
	Inglês de Souza
219. **A Tempestade**
	William Shakespeare
220. **Ondas**
	Euclides da Cunha
221. **Educação do Homem Integral**
	Huberto Rohden
222. **Novos Rumos para a Educação**
	Huberto Rohden
223. **Mulherzinhas**
	Louise May Alcott
224. **A Mão e a Luva**
	Machado de Assis
225. **A Morte de Ivan Ilicht / Senhores e Servos**
	Leon Tolstói
226. **Álcoois e Outros Poemas**
	Apollinaire
227. **Pais e Filhos**
	Ivan Turguêniev
228. **Alice no País das Maravilhas**
	Lewis Carroll
229. **À Margem da História**
	Euclides da Cunha
230. **Viagem ao Brasil**
	Hans Staden
231. **O Quinto Evangelho**
	Tomé
232. **Lorde Jim**
	Joseph Conrad
233. **Cartas Chilenas**
	Tomás Antônio Gonzaga
234. **Odes Modernas**
	Anntero de Quental
235. **Do Cativeiro Babilônico da Igreja**
	Martinho Lutero
236. **O Coração das Trevas**
	Joseph Conrad
237. **Thais**
	Anatole France
238. **Andrômaca / Fedra**
	Racine
239. **As Catilinárias**
	Cícero
240. **Recordações da Casa dos Mortos**
	Dostoiévski
241. **O Mercador de Veneza**
	William Shakespeare
242. **A Filha do Capitão / A Dama de Espadas**
	Aleksandr Púchkin
243. **Orgulho e Preconceito**
	Jane Austen
244. **A Volta do Parafuso**
	Henry James
245. **O Gaúcho**
	José de Alencar
246. **Tristão e Isolda**
	Lenda Medieval Celta de Amor
247. **Poemas Completos de Alberto Caeiro**
	Fernando Pessoa
248. **Maiakóvski**
	Vida e Poesia
249. **Sonetos**
	William Shakespeare
250. **Poesia de Ricardo Reis**
	Fernando Pessoa
251. **Papéis Avulsos**
	Machado de Assis
252. **Contos Fluminenses**
	Machado de Assis
253. **O Bobo**
	Alexandre Herculano
254. **A Oração da Coroa**
	Demóstenes
255. **O Castelo**
	Franz Kafka
256. **O Trovejar do Silêncio**
	Joel S. Goldsmith
257. **Alice na Casa dos Espelhos**
	Lewis Carrol
258. **Miséria da Filosofia**
	Karl Marx
259. **Júlio César**
	William Shakespeare
260. **Antônio e Cleópatra**
	William Shakespeare
261. **Filosofia da Arte**
	Huberto Rohden
262. **A Alma Encantadora das Ruas**
	João do Rio
263. **A Normalista**
	Adolfo Caminha
264. **Pollyanna**
	Eleanor H. Porter
265. **As Pupilas do Senhor Reitor**
	Júlio Diniz
266. **As Primaveras**
	Casimiro de Abreu
267. **Fundamentos do Direito**
	Léon Duguit
268. **Discursos de Metafísica**
	G. W. Leibniz
269. **Sociologia e Filosofia**
	Émile Durkheim
270. **Cancioneiro**
	Fernando Pessoa
271. **A Dama das Camélias**
	Alexandre Dumas (filho)
272. **O Divórcio / As Bases da Fé / e Outros Textos**
	Rui Barbosa
273. **Pollyanna Moça**
	Eleanor H. Porter
274. **O 18 Brumário de Luís Bonaparte**
	Karl Marx
275. **Teatro de Machado de Assis**
	Antologia
276. **Cartas Persas**
	Montesquieu
277. **Em Comunhão com Deus**
	Huberto Rohden
278. **Razão e Sensibilidade**
	Jane Austen
279. **Crônicas Selecionadas**
	Machado de Assis
280. **Histórias da Meia-Noite**
	Machado de Assis
281. **Cyrano de Bergerac**
	Edmond Rostand
282. **O Maravilhoso Mágico de Oz**
	L. Frank Baum
283. **Trocando Olhares**
	Florbela Espanca
284. **O Pensamento Filosófico da Antiguidade**
	Huberto Rohden
285. **Filosofia Contemporânea**
	Huberto Rohden
286. **O Espírito da Filosofia Oriental**
	Huberto Rohden
287. **A Pele do Lobo / O Badejo / o Dote**
	Artur Azevedo
288. **Os Bruzundangas**
	Lima Barreto
289. **A Pata da Gazela**
	José de Alencar
290. **O Vale do Terror**
	Sir Arthur Conan Doyle
291. **O Signo dos Quatro**
	Sir Arthur Conan Doyle
292. **As Máscaras do Destino**
	Florbela Espanca
293. **A Confissão de Lúcio**
	Mário de Sá-Carneiro
294. **Falenas**
	Machado de Assis

295. **O Uruguai /**
     A Declamação Trágica
     Basílio da Gama

296. **Crisálidas**
     Machado de Assis

297. **Americanas**
     Machado de Assis

298. **A Carteira de Meu Tio**
     Joaquim Manuel de Macedo

299. **Catecismo da Filosofia**
     Huberto Rohden

301. **Rumo à Consciência Cósmica**
     Huberto Rohden

302. **Cosmoterapia**
     Huberto Rohden

303. **Bodas de Sangue**
     Federico García Lorca

304. **Discurso da Servidão Voluntária**
     Étienne de La Boétie

305. **Categorias**
     Aristóteles

306. **Manon Lescaut**
     Abade Prévost

307. **Teogonia / Trabalho e Dias**
     Hesíodo

308. **As Vítimas-Algozes**
     Joaquim Manuel de Macedo

309. **Persuasão**
     Jane Austen

Série Ouro
(Livros com mais de 400 p.)

1. **Leviatã**
   Thomas Hobbes

2. **A Cidade Antiga**
   Fustel de Coulanges

3. **Crítica da Razão Pura**
   Immanuel Kant

4. **Confissões**
   Santo Agostinho

5. **Os Sertões**
   Euclides da Cunha

6. **Dicionário Filosófico**
   Voltaire

7. **A Divina Comédia**
   Dante Alighieri

8. **Ética Demonstrada à Maneira dos Geômetras**
   Baruch de Spinoza

9. **Do Espírito das Leis**
   Montesquieu

10. **O Primo Basílio**
    Eça de Queirós

11. **O Crime do Padre Amaro**
    Eça de Queirós

12. **Crime e Castigo**
    Dostoiévski

13. **Fausto**
    Goethe

14. **O Suicídio**
    Émile Durkheim

15. **Odisséia**
    Homero

16. **Paraíso Perdido**
    John Milton

17. **Drácula**
    Bram Stocker

18. **Ilíada**
    Homero

19. **As Aventuras de Huckleberry Finn**
    Mark Twain

20. **Paulo – O 13º Apóstolo**
    Ernest Renan

21. **Eneida**
    Virgílio

22. **Pensamentos**
    Blaise Pascal

23. **A Origem das Espécies**
    Charles Darwin

24. **Vida de Jesus**
    Ernest Renan

25. **Moby Dick**
    Herman Melville

26. **Os Irmãos Karamazovi**
    Dostoiévski

27. **O Morro dos Ventos Uivantes**
    Emily Brontë

28. **Vinte Mil Léguas Submarinas**
    Júlio Verne

29. **Madame Bovary**
    Gustave Flaubert

30. **O Vermelho e o Negro**
    Stendhal

31. **Os Trabalhadores do Mar**
    Victor Hugo

32. **A Vida dos Doze Césares**
    Suetônio

34. **O Idiota**
    Dostoiévski

35. **Paulo de Tarso**
    Huberto Rohden

36. **O Peregrino**
    John Bunyan

37. **As Profecias**
    Nostradamus

38. **Novo Testamento**
    Huberto Rohden

39. **O Corcunda de Notre Dame**
    Victor Hugo

40. **Arte de Furtar**
    Anônimo do século XVII

41. **Germinal**
    Émile Zola

42. **Folhas de Relva**
    Walt Whitman

43. **Ben-Hur — Uma História dos Tempos de Cristo**
    Lew Wallace

44. **Os Maias**
    Eça de Queirós

45. **O Livro da Mitologia**
    Thomas Bulfinch

46. **Os Três Mosqueteiros**
    Alexandre Dumas

47. **Poesia de Álvaro de Campos**
    Fernando Pessoa

48. **Jesus Nazareno**
    Huberto Rohden

49. **Grandes Esperanças**
    Charles Dickens

50. **A Educação Sentimental**
    Gustave Flaubert

51. **O Conde de Monte Cristo (Volume I)**
    Alexandre Dumas

52. **O Conde de Monte Cristo (Volume II)**
    Alexandre Dumas

53. **Os Miseráveis (Volume I)**
    Victor Hugo

54. **Os Miseráveis (Volume II)**
    Victor Hugo

55. **Dom Quixote de La Mancha (Volume I)**
    Miguel de Cervantes

56. **Dom Quixote de La Mancha (Volume II)**
    Miguel de Cervantes

58. **Contos Escolhidos**
    Artur Azevedo

59. **As Aventuras de Robin Hood**
    Howard Pyle